魂の究極の旅

建部ロザック

たま出版

プロローグ

これは自叙伝ではありません。
突然ふりかかった思いがけない体験によって、
至高の存在を知った小さな魂が、
失った至福の時を取り戻そうと、
宇宙の創造主との接触を探し求めた記録であり、
あるスピリチュアル・トレーニングとの偶然の出合いで展開した、
数々の試練と経験の記録です。
ここで語られる出来事の多くは、
常識の範囲を超えているように見えても、
すべて本当に起こったことであり、
それを正確に物語ったものです。

魂の究極の旅

◎

目　次

目次

第二部　さまざまな体験 143

第一部　至高の存在との直接接触を求めて

創造主の火

まず、なぜ私が至高の存在を探し求め、魂の旅に踏み出したのか、そのきっかけとなった体験をお話ししようと思います。それは、何の準備も心構えもなかった私に晴天の霹靂《へきれき》のようにおそいかかった思いがけない体験でした。

当時、私は二一歳の大学生で、東京で寮のような施設の二階の小部屋に下宿していました。

ある日の昼近く、私は何をするのでもなく、畳の上にぼんやり座っていました。多分、夏休みの終わり頃だったと思います。どんな予感もありませんでした。

すると、突然まわりで何かが変わりました。そして次の瞬間、私は異様な光景を目の前にしていました。

それは、信じられないような輝きで燃え上がっている太陽でしたが、(核融合による物理的なではなく）それを言い表す言葉がない、ある霊的な「力」で燃えている太陽でした。太陽は、その「火」によって燃えていました。そして驚いたことに、地球も、そして私の内部も、同じ火が燃えているのでした。

「神の火だ！」

と、私は思いました。私はいま、宇宙の創造主であり、神と呼ばれる至高の存在からの火を見ているのだと思いました。

まるで内部を透かして見ているように、地球の内部が創造主の火で充満していて、それが燃えているのが見えました。その表面に、生態系の薄い層が、まるでカサブタのように貼りついていました。それは、ところどころ変色したり縮んだりしていましたが、地球の全体は同じ火で輝いていました。

もっと驚いたのは、月も同じ火で満たされていたことでした。生のかけらもない、冷たい物質の塊で、死と沈黙の世界とばかり思っていた月が、同じ火で満たされて、生きて輝いていたのです。神の火で満たされた太陽と地球と月、その壮大な光景を私は呆然と凝視していました。

そのうち、私はその光景のなかにそれ以外の天体が入っていないことに気がつきました。試しに火星に注意を向けました。すると、火星も神の火によって燃えているのが分かりました。しかしその存在は、はるかに遠い点のようにしか感じられませんでした。

私は、太陽系以外の星を意識してみようとしました。とっさにどの星の名前も思い出せなかったので、太陽系に一番近い恒星をと思いましたが、それはもうあるかないかの微《かす》かな存在としか意識できませんでした。私は少しがっかりしました。なぜなら、それが私の意識の限界を示しているような気がしたからです。

その光景をどれだけ長く見ていたのかは憶えていません。かなり長い間だったような気がしますが、実際には一分か二分に違いありません。その光景は次第に薄れ、気がつくと私は元の畳に座っていました。

まわりを見回して、部屋の壁や柱のなかにその火が感じられるかどうか試してみました。気のせいか、その微かな名残りを感じたような気がしましたが、やがてそれもなくなってしまいました。

藪から棒の不意打ちのような体験が、私に測り知れないほどの衝撃を与えたことは言うまでもありません。自分が眼にしたものを疑うにしては、あまりにもリアルな体験でした。ある意味で、私は宇宙の主宰者である神が実在しているという証拠を目撃したのです。私は、それまで疑っていた神の実在性を確信しました。その確信は、その後の長い人生で私がどんな状況におかれても決して揺らぐことがなかったほど強いものでした。

しかも、これにはまだ続きがありました。

衝撃的な体験の余韻にしばらく呆然としていた後で、私は階下にあった食堂に昼食を取りに降りてゆきました。しかし時間に遅れたために、賄《まかな》いのおばさんの姿が食堂には見えず、食卓には私の昼食だけが布巾《ふきん》をかけられて置いてありました。

寮のきまりで、食べ終わった後は食器を流しに出すことになっていましたが、洗うのは賄いのおばさんでした。しかし、私は食器を流しに持っていくと、何気なくそれを洗い始めました。時間に遅れたことが気になったのかもしれません。私のすぐ前に食べた人の食器が流しにまだ残っているのに気づきましたので、ついでにそれも洗い始めました。

その瞬間でした。

私はふいに宇宙を感じ、自分が宇宙と繋がっているのを感じました。奇妙な表現になりますが、私が感じたのは、宇宙はどこまでも続いているこんにゃくのようにぶよぶよした連続体で、私はその弾性連続体と水道の蛇口を通して繋がっているのでした。食器を洗いながら、私は、他人の食器を洗っているという行為が、その弾性連続体に振動を起こし、どこまでも湖面を伝わる波紋のように、はるか宇宙の果てまで伝えられてゆくのを感じました。

どんなにささいな行為でも、さらには単なる心の思いさえも、宇宙に対してある振動を起こし、それが宇宙全体に広がって何らかの影響を与えるという実感——それは、それまでの私にはなかった感触であり、新しい認識でした。

この感覚は、実はそれだけでは終わりませんでした。私の体験が、単なる思い込みや白昼夢ではなかったことは、それが私に思いがけない変化をもたらしたことによって、後に明らかになりました。

魂、それは何か

「魂」という言葉は、いまでは意味があいまいになり、単に心の琴線や人の中心的な信念を表すものとして、さまざまな状況で修辞的に使われています。それは、人々が人間の内部における魂の実在性をすでに信じなくなってしまっているからです。

科学は人間を物理的身体としてしか認めません。心や感情や意志や欲望を脳の機能の一部としては認めますが、それ以上のものの存在は否定します。

こうして人間は、より高次の実体である魂（霊）をそなえていることを否定され、人間は魂を通して自分の創造者である神の力と繋がることができ、この地球より高い世界、すなわち神の力が直接支配するスピリチュアルな領域と接触する可能性を持っていることも無視され、忘れ去られてしまっています。

そのため、魂と言えば、幽霊のことでなければ単に心の深い琴線のこと、スピリチュアルな体験と言えば、せいぜいアブラハム・マズローという人が「頂上経験」と名づけた理由を持たない幸福感や恍惚感か、でなければ（それを信じるかどうかは別にして）超常現象や心霊現象のことだと一般に受け取られるようになっています。

しかし、真にスピリチュアルな体験とは、単に心の琴線にふれて意識が高揚する状態でも、心霊現象やチャネリングでもなく、幽体離脱や空中浮遊のような超能力や超常現象でもありません。

そうした超常現象は、どんなに神秘的に見えても、実はこの地球とその周辺に広がる物質的な領域のなかでの出来事です。それは、霊的な領域と言っても、程度の差はあれ、人間の心がなお到達することのできる広がりのなかで生じる出来事です。別な言い方をすれば、それは多少とも人間が介入したり操作したりすることができる現象であり、生まれつきの素質や遺伝的な傾向の問題を別にすれば、人間が意志によって実行したり達成したりすることができる範囲の地上的な事柄です。

真のスピリチュアル・エクスペリエンスは、心の領域を超えています。それは、人間の内部で眠っていた魂が、宇宙を包む「大いなる力」と出会うことによって生じる体験です。

決して心や空想の産物ではありません。人間の計らいを超えて上から与えられる経験であり、私たちの欲望や努力に応じて手に入れることのできる経験ではありません。

それは、魂と呼ばれる人間の霊性（スピリチュアリティ）が、自らの成長のためにたどる旅で出合う、不思議で、時には奇妙な、しかしリアルな経験です。私たちは、魂が成長するにつれ、この世を超えた高次の真実にふれ、真の人間性を発達させてゆくことができます。

そういう体験に出合うことは、社会が世俗的な知恵と意識に覆われている現在ではほとんど望めないように見えます。グルとか霊的指導者と呼ばれる人たちも、多くは超能力や現世利益によって多くの信者を獲得することに忙しく、ある程度の心の平安を得るための処世法を教えることはできても、現世的な利益や価値を超えた、より高次の真実をめざして、人間の魂の真の故郷に向かう旅を実際に体験するという、人間の至高の可能性についでは充分に気づいていないように見えます。

しかし、社会の表層からは見えなくても、そういう体験は眼に見えない地下水のように存在し、今なお人間と創造主との架け橋をつくっています。

これから述べる体験は、すべて私という個人の限られた体験に限られているために、内容的に偏りがあり、一般性にやや欠けるきらいがありますが、そうした至高の存在への架け橋が現実に存在するという一つの証言になることでしょう。

二つの体験

さて、最初の体験に話を戻しますが、私はその体験に出合うまでは、「報い」の観念にがんじがらめになっていました。

善因善果、悪因悪果とか、因果応報という言葉があります。良い行為には神仏から、あるいは天から、いつか良い報いがあるというのは、古来広く受け入れられてきた観念です。宗教では、人に知られないように隠れて善行を行えば、さらに大きな報いがあるとされています。その報いは、たとえこの世界に生きている間に受けられなくても、来世での生活で与えられると言われます。

当時の私は、その観念にとらわれるあまり、良いと思われる行為をすると、どんなに些細なことでも、秘かにその報いを期待するようになっていました。何をしても、善いことなら、それに対して何か良い報いがあるのではないかと考えてしまうのです。なぜそうなったのか分かりませんが、いつの間にかそれが昂じて、その考えが頭から離れなくなってしまっていました。

しかしあるとき、玄関に脱ぎ散らかされていた靴を下駄箱に入れながら、これに対しても何か報いがあるかなと思ったとき、慄然としました。そう考えている自分があまりにも功利的で、浅ましいと思ったのです。

私は、報いの観念から離れたいと思いました。そして無償の愛や無償の行為にあこがれました。しかし私は、一種の心理的な罠に陥っていました。報いのことを考えまいとすればするほど、いっそうそのことが頭に浮かび、そこから脱却したいともがけばもがくほど報いの観念に固く縛りつけられて、自分ではどうにもならない状態になってしまっていました。

そんな状態にあった私が、最初の体験に出合って、報いの観念から完全に解放されたのです。全く思いがけないことでした。何をしても、報いを期待する考えが頭に浮かんでこないのです。試しに、意識的にそこに注意を向けてみても、それが自分とは全く無関係なことのように関心が持てません。これは、私にとってみれば驚くべき変化であり、祝福でした。何の努力もなしにそうなったことは、奇跡としか思えませんでした。報いという観念の呪縛から解放されたことによって、私の心は大きな自由を手にしました。

最初の体験の後、私は歓喜と高揚感でいっぱいになりました。神は喜びそのものであり、神の存在を知ることは喜びを経験することである、それが私の得たメッセージでした。私は、自分が知った事実を人々に伝えたいと思いました。高揚感は二、三カ月続き、その後徐々に薄らいでゆきましたが、その間に二つほど、かなり変わった経験をしました。

一つは、愛がつくり出したと思われる究極の音を聞いたことです。

その日、私は自分の部屋で寝そべっていて、妄想に近い空想に身をゆだねていました。すると、ふいに左手の上空から一つの音が聞こえ、それは次第に近づいてきて大きくなり、私の上空をかすめたかと思うと、急速に右上空に遠ざかって消えてゆきました。わずか四、五秒の間のことでした。

聞こえた音は旋律ではなく、単純な一つの音の連続でした。しかし、その音は天上的な甘美さに満ちていました。その音を耳にしたとき、不思議なことに頭の妄想は一瞬のうちに拭い去られ、清涼感で満たされました。愛の音だ、という考えがとっさに閃《ひらめ》きました。私はこの世ならぬ幸福感で満たされました。

私がなぜそのとき愛の音だと思ったのかは、いまも分かりません。反射的にそう思ったのです。もちろんそれが、ある種の、航空機の音以上の何かであると証明する方法はありません。愛の音というのは、詩の言葉ならばともかく、合理的な考えとは言えません。しかし、その音がこれまで耳にしたどんな音とも質的に異なっており、この世のどんな音にもない天上的な響きを伴っていたことは確かです。また、その音を聞いたとき、一瞬のうちに頭の妄想が拭い去られ、至福感に満たされたことから、単なる空耳だったとは考えられません。

その音は、まるで何かの手違いで天国から落ちてきて、ひととき地球の上をさまよっているような感じを受けました。私は天国の存在については懐疑的でしたが、もしかすると実在するのではないかと思い始めたのはそれからです。

もう一つの忘れられない体験は、都電に乗ったときのことです。当時の東京では路面電車がまだ便利な市民の足でした。

ある日の昼下がり、私が都電に乗り込んで何気なく車内を見回すと、驚くべき光景が目に入りました。

つり革にぶら下がっているのは二、三人で、ほとんどの人が座席に座っていましたが、高度成長期が始まる以前のことで、乗客の大半が粗末な服装に身をつつみ、疲れた顔をしていました。エプロン姿の主婦、作業衣の中年男、よれよれの服を着て眠りこけている老人など、いつも眼にする光景でしたが、彼ら全員の胸のなかに、水晶のように透明で美しい魂が透けて見えたのです。観音様の魂のようだ、というのが第一印象でした。私は目を疑いました。そして目をパチパチさせてみましたが、眼の前の光景は変わりませんでした。

実際には、その光景が見えたのはほんの数秒で、すぐにぼやけて消えていったのですが、私には強い印象と大きな謎が残りました。もし私が見たことが本当なら、なぜ観音様のような美しい魂を持った人たちが、自分ではその事実に気づかず、自分の魂とはかけ離れた哀れな生活をこの世で送っているのか。なぜこの世で惨めな人生を生きなければならないのか。

それに答えることは、私の力を超えていました。仏教やキリスト教など、多くの宗教が、人間には仏性とか神性のかけらが宿っていると言っています。私が考えついたのは、私が見たのは、もしかするとそれではないかということでした。しかし、もしそうだったとしても、私の疑問の答えにはなりません。私はいろいろと考えましたが、納得できるような答えは結局思いつくことができず、謎は謎のまま残りました。

意識が高揚していた二、三カ月の間、私はこれらの付随的な経験をしながら、至高の存在を知った喜びでいっぱいになっていました。それは歓喜でした。言葉にはつくせない至福の喜びでした。

しかし、あらゆる体験は時間のなかにあります。どんな体験も時とともに過ぎ去り、化石のように記憶が残るだけです。そのため、どんなにつらい出来事でも時とともに記憶のなかで薄れ、私たちは徐々に悲しい体験から立ち直ることができます。逆に、どんな喜ばしい体験も、同じように時とともに失われてゆきます。その時の記憶をある程度蘇らせることができても、体験したままの感動が戻ってくるわけではありません。

とりわけ私が味わった喜びと感動は、ふつうの感情の高まりとは質的に異なったものであっただけに、体験時の自分の状態を思い起こそうとしても、失ったものの大きさを痛感するだけでした。それがやがて私を神と呼ばれる至高の存在への探求に駆り立てるのですが、その前に、体験の背景となった生い立ちと家庭環境に簡単にふれておきましょう。

生い立ちと環境

私は、父の仕事の関係で、日本の植民地であった北朝鮮で生まれ、三歳のときに現在のソウルに移って終戦までそこに住んでいましたが、父母が新興宗教の一つである生長の家の熱心な信者になったために、物心がついたころから生長の家の影響を強く受けて育ちました。

父母が生長の家に入信したのは、母の緑内障が原因でした。緑内障は、現在でも医学的に治すことはできず、薬で進行を遅らせることができるだけですが、当時は全く打つ手がありませんでした。母はどの医者からも数年で完全に失明すると宣告され、いったんはそれを覚悟して、失明後の生活の備えを始めました。失明後に何の楽しみもなければ生きてはゆけないと三味線を習い始め、私は母の三味の音を聞きながら毎夜眠りにつきました。

しかし、母はやがて「人間神の子、病気本来なし」を説く生長の家の創始者、谷口雅春師の存在を知り、そこに一縷《いちる》の望みをかけました（同師はすでに故人となり、生長の家も谷口家も代替わりしていますが、以下谷口雅春師のことを谷口師と書くことにします）。

父母は一緒に上京して生長の家の本部近くに部屋を借り、一カ月以上にわたって本部道場に通いつめて谷口師の講話を聴き、生長の家の瞑想法や聖典の読誦にはげみました。母はそれによっていくつかの体験をしたようですが、よく話していたのは、ある朝外に出ると、街路樹の葉の一枚一枚がキラキラと輝いていて、世界が全く変わって見えたという体験でした。そして、緑内障が奇跡的に完治したのです。

父母はその後、自宅を生長の家の教化部として提供し、自らも地方講師となって生長の家の普及のために献身的に働きました。特に母は、不治の病と言われた緑内障の治癒という奇跡的な体験によって谷口師に傾倒し、絶対的と言えるほど強い信仰と信念を持っていましたから、母の指導を受けて病気を克服した人も少なくありません。

母のところに持ち込まれた問題は、病気のほか、夫婦問題、親子問題などが大部分でしたが、なかには統合失調症（精神分裂）で暴力をふるう息子を抱えた両親や、神懸《かみが》かりになった娘の母親、果てはアストラルトラベル（幽体旅行）ができて、自由に好きなところに行けるが、脚が悪くて歩くことができない主婦などがいました。

母は、親も怖がって入れない統合失調症の青年の部屋に入って青年に話しかけ、そんな母を信頼して、青年はその後しばしば私の家にくるようになりました。零下一〇度にもなる真冬でも素足に下駄を突っかけ、浴衣一枚でやってきては、にやにや笑って独り言をつぶやきながら、一、二時間家にいて、またふらっと帰ってゆくのが常でした。母は私に、この人は頭が良いのだから算数の問題を教えてもらいなさい、などと言っていましたので、私も怖くありませんでした（この青年はその後次第に良くなり、戦後には結婚して働くことができるまでになりました）。

幽体旅行のできる主婦については、母は「そんなことを自慢しているようでは駄目だ」と言っていました。

私はそういう母の姿を見ながら育ちましたが、子ども心に恐ろしい思いをしたこともありました。

小学四年くらいのとき、母が神懸かりの娘を家に泊めたことがありました。真夏のことで、母と私とその娘は一つ蚊帳《かや》のなかで、母を挟んで寝ていました。母が人を泊めるのは珍しいことではなく、母は私に何も説明してくれなかったので、私はただのお客さんだと思っていました。

真夜中になって、私は異様な物音がするので目を覚ましました。すると、真っ暗闇のなかで、母は神懸かりになった娘と問答をしていました。娘に取り憑《つ》いた霊は、男のような野太い声で、自分は宇宙の最高神だと主張していました。それに対して母は、お前は最高神などではなく低級霊にすぎないと反論していました。私は身体を固くしてそれを聞いていましたが、我慢できずに布団の上で身じろぎしたとたん、娘は「また一人やってきた!」と、金切り声で叫びました。私は震え上がりました。

後で聞いたのですが、娘に取り憑いた霊は、娘に、食事をしたら死ぬと言い、娘は食べることを拒否していました。しかし母は、翌朝、娘にむりやり食べさせ、もちろん娘には何も起こりませんでした。

信仰や祈りによる病気治癒を、科学や医学は認めていません。しかし私は、それが実際に起こり得ることを母のそばで見てきました。もちろんすべての病気が治ったわけではありませんが、信仰による病気治癒のすべてが誤診やいんちきのせいではないことは確かでした。

生長の家については、私自身もちょっとした経験をしました。

それは、はじめて生長の家の集まりに連れられて行ったときのことです。まだ小さかった私は、何もわからずに母の隣に座っていました。やがて三〇分間の瞑想の時間になり、私も大人たちを真似て目をつぶり、手を合わせて正座していましたが、一〇分か一五分すると足がしびれて我慢できなくなり、足を崩して目を開け、周囲を見回しました。そして、何気なく自分の左手首に目をやりました。手首には数カ月前からイボができており、それがだんだん盛り上がってかなりの高さになっていました。そのイボの高さが、見ると半分ほどに低くなっていました。何度見直しても、イボが縮んできたことに間違いありません。私は急いでまた目をつぶり、正座して手を合わせました。残りの一五分が終わって目をあけ、恐る恐るイボを見ると、イボは跡形もなく消え失せ、皮膚はすべすべになっていました。

イボが知らない間に消えるのはよくあることかもしれませんが、わずか三〇分間で消え、しかも消える途中の状況を目撃したとなると、ふつうだとは思えません。

実はそのとき、もう一つ謎めいたことがありました。私には、会合を取り仕切っているのは黒いひげを生やした和服の大柄の中年男性のように見えましたが、帰りがけに母に聞くと、そんな人はいなかったというのです。私は会合の間中その男を見ていたので、母の言うことに納得できませんでしたが、母は生長の家の信者にそんな人はいないと断言しました。結局、その問題はわけが分からないままで終わりました。

そういうわけで、私は信仰による病気治癒も半ばあたりまえといった雰囲気のなかで育ち、中学生になると、谷口師の著作を通して宗教的な考え方や知識を吸収し、自分の人生観を育んでいきました。

谷口師は、すべての宗教は同じ真理を異なった角度から説いているだけだという万教帰一の立場から、仏教、キリスト教、神道の教典に独自の解釈を加え、さらにクリスチャン・サイエンスや精神分析を援用して、真実の世界（実相）は完全円満であり、この世の現象は心の影であるという唯心論的な哲学とその実践を説いていました。

しかし、敗戦によって私の人生観は大きく揺らぎました。日本のほとんどの宗教が日本神国思想に迎合し、軍の戦争政策に協力していたので、人々の宗教に対する信頼は地に堕ちて、日本の社会全体が精神主義から物質中心主義に転換し、既存の価値観が崩壊しました。

朝鮮からの引き揚げの翌年、私は新設の私大予科に入学し、三年間静岡市の郊外で寮生活を送りました。同級生たちと寝起きをともにし、完全に世俗的な環境で、戦後の社会を風靡《ふうび》した左翼思想を論じ合うなかで、私は子ども時代につちかったナイーブな信仰を失い、自殺用の青酸カリを持って歩くような、厭世的で懐疑的な青年になっていました。

そんな私の自殺願望に水を差したのは、仲が良かった同級生の一人が私より先に自殺を企てたことでした。彼は睡眠薬を多量に飲んだ後で、お別れのつもりで私の部屋にきて話しているうちに、次第に話し方がおかしくなり、とうとう自殺しようとしていることを私に話してしまったのです。私は彼と厭世思想を分かち合っていたので、そのまま彼を死なせるべきかどうか、さんざん迷いました。しかし結局、私は彼を死なせることができず、教師に知らせて彼を助けてしまいました。

彼は意識を取り戻したとき、私を大いに恨みましたが、ふたたび自殺を企てることはありませんでした。そして、それまではキルケゴールに心酔して、「結婚したまえ、君は後悔するだろう。結婚をやめたまえ、君は後悔するだろう。どちらにしても君は後悔するのだ」などという警句を連発していたのが、一転して極めて攻撃的な共産主義者になってしまいました。私は、自分の主義に反して彼を助けてしまったことで、いわば出鼻をくじかれて自殺できなくなったのです。

三年の予科生活を終わって、私は東京の大学に入りましたが、それが一つの転機になりました。そして、忘れていた生長の家との間に新たな接点が生まれました。私が地方で寮生活を送っている間に、母は谷口師の好意で上京して生長の家の職員として生活するようになり、本部講師になっていたからです。私にとって東京は初めてであり、誰も友人がいなかったので、母にすすめられるまま、私は友人をつくるために生長の家の青年会に入ることにしました。

　青年会に入ってみると、会員の大部分は、親が生長の家の信者という、私と同じような二世でしたが、私の場合と違って、子ども時代からの信仰を持ち続けていました。というより、そういう若者だけが青年会に入っていたと言った方がよいでしょう。彼らは男も女も明るく気持ちのよい若者たちで、何の疑いも持たずに、神様、神様と口にしていました。しかし、彼らと行動をともにするうちに、私は次第に神という言葉に違和感をおぼえるようになっていきました。

　彼らは神様、神様と気安く口にしているが、神は存在すると本当に知っているのだろうか。私にはそうは思えませんでした。しかし、それを表立って口に出すことははばかられました。もし口に出せば、彼らは善意から、一生懸命私を納得させようとするでしょう。しかし、それは私にはむしろ煩わしいことでした。

　では、私自身はどうか。神は存在すると本当に信じているのだろうか。

　私は繰り返し自分に問いかけましたが、答えはありませんでした。自分に正直であろうとすればするほど、神の存在を信じているのかいないのか、自分でも分からなくなってくるばかりでした。そして時とともに、この問いが次第に重く心にのしかかっていきました。私は神があると思っているのかいないのか。この問いに追い詰められ、私は袋小路に入り込んでゆきました。

私が望んでいたのは、理屈による神の存在の証明ではありませんでした。それなら、改めて教えられるまでもなく私はもう知っていました。私が欲しいのは、理屈ではなく、もし神が真に存在するのなら、それを絶対的に確信させてくれる何かでした。最初に述べた神の火についての体験は、こんな状態のなかで起こったのです。

探求

禅では、悟りを得たときに味わう喜びを「手の舞い足の踏むところを知らず」という表現で表すことがあります。嬉しさのあまり、思わず体が踊り出すということです。至高の存在を知った直後、それに似た喜びを味わった私でしたが、高揚感が徐々に薄れてくると、私は自分が以前の状態に逆戻りしてゆくのを感じました。私は大きな落差を感じて愕然《がくぜん》としました。

あの体験によって、私は確かに変わりました。考え方だけではなく、性格の一部すら変わりました。私は神を信じており、もはや眉をひそめた懐疑的な青年ではなくなりました。しかし、自分の内部を見ると、多くの点で私の状態は以前のままでした。性格上の弱点はそっくり残っていましたし、感情の反応の仕方も以前どおりでした。私の心は些細なことにすぐ傷つき、傷つくとネガティブな感情に振り回されました。そして頭は、愚にもつかない空想や妄想で一杯になっていました。体験の実感は急速に薄れ、古い私があらゆる場面で戻ってきていました。

私はあの体験を取り戻したいと思いました。どうにかしてあの体験をふたたび手にする方法を見つけたいと思いました。あのような輝かしい実感を味わってしまった以上、それなしでは生きてゆけないとすら感じました。それが探求のはじまりでした。

私はまず、あの体験がどういう性格のものだったのか、同じような前例が過去にあるのかどうかを知りたいと思いました。当時は、現在と違って、宗教や精神世界に関して入手できる本はごく限られていました。

しかし、やがて手がかりは、ウイリアム・ジェームズの名著『宗教経験の諸相』のなかに見つかりました。

彼の分類では、私の体験は「突然の回心」と呼ばれる範疇に入るようでした。ジェームズは過去の文献から多くの事例を引用して、それらの体験に共通する特徴を分析していました。それによると、「突然の回心」とは、何の予兆も前触れもなく、突然「聖なるもの」の臨在を感じる経験で、体験者は一様に、それまでは無関心であったり疑っていた神の存在を突然信じるようになると説明されていました。

ジェームズは、「回心」を、心理学的に「ある人の人格的エネルギーと関心の重点が霊的な分野に移行する現象」と定義し、突然の回心と、徐々に神を信じるようになる場合とを比較していました。そして、神を信じるようになる経緯は異なっていても、その後の結果には大きな違いは見られないと結論していました。さらに彼は、「突然の回心」の背後に何らかの神の恩寵か摂理が働いているかどうかについても論じていましたが、学者として結論を出すことを慎重に避けていました。

私は彼の説明を読んで、自分の経験が「突然の回心」の一種であると結論づけました。ジェームズが引用した事例は、大部分がキリスト教的な背景のなかで起こった体験でしたが、「突然の回心」の中心は、特定の宗教の教義とはかかわりなく、「聖なるもの」との直接的な接触を実感するところにあります。実際、私の体験したことは、どのような宗教とも結びついていない、見神体験とも宇宙意識とも言えるようなものでした。それは一種の原体験で、まだどのような宗教的教義や理論とも結びついていませんでしたが、それだけに、いろいろな教義や理論をそこから引き出せるような性質のものでもありました。

私はその体験から、火山の噴火の際のマグマの噴出を思い描きました。火山が噴火すると地底からマグマを吹き出しますが、あふれ出たマグマは液状で、まだ形を持っていません。しかし、それが山頂から麓《ふもと》に向かって流れ落ちるにつれて、山の形とか地形の条件によって、さまざまな岩の形に冷えて固まってゆきます。宗教の発生についても、それと似たような状況があるのではないかというのが、ジェームズの本に触発されて私が想像したことでした。

すべての宗教に敷衍《ふえん》するつもりはありませんが、宗教の誕生の根源には、火山の爆発に喩えられる原体験がまずあって、それを経験した人たちが、その時代の文化背景や自分の知識や条件にしたがって解釈し、当時の人々に理解できるような言葉にして伝えたもの、それが宗教であり、教義ではないかということです。各宗教の教義の違いはそのようにしてできたのではないかと考えれば、納得できるような気がします。つまり、「神」あるいは「聖なる存在」にふれるという原体験は同じなのに、各教祖の人格と、彼らが生きていた時代の環境や文化と、周囲の人々の条件によって、さまざまな教義の違いや、異なった重点の置き方が生じたのではないかということです。もちろん、「聖なる存在」のどの部分に、どの程度ふれたのかということも違いの原因になるでしょう。そう考えれば、宗教の多様性にもかかわらず、その根源である神は一つという考えも成り立ちます。そして私が経験したのも、小型ながらそういう原体験の一種ではないか。私はそんなことを考えました。

こうして、最初の疑問に対する一応の答えを与えられて、私の次なる関心は、あの体験かそれに近いものを、ふたたび取り戻せる可能性があるかどうかに向けられました。

宇宙意識的な最初の体験の性質から、私が求めていたのは、多神教の神々ではなく、宇宙の創造主である至高の存在なる神と直接に接触することでした。守護霊とか神々の存在を否定したわけではありませんが、現世利益と同様、それらはもう私の関心の対象ではありませんでした。私が知りたかったのは、一般の人々で、至高の存在である神との接触に成功した人があるかどうか、もし過去にそういう事例があるのなら、それはどういう条件下で可能になったかということでした。

これもなかなか難しい課題でしたが、最初の手がかりは、思いがけなく私が持っていた本のなかに見つかりました。それは、大学予科時代の恩師、相原信作先生からいただいたマイスター・エックハルトの『神の慰めの書』でした。この本は、相原先生が日本で初めて中世ドイツ語の原文から和訳したエックハルトの説教集で、私が予科を卒業する直前に筑摩書房から出版され、卒業記念として先生からいただいたまま、読まずに手許においていた本でした。

一般人の神との接触の事例としては、聖書の時代までさかのぼるなら、イエスの死後みなが集まっていると、突然一人ひとりの上に聖霊が天降ったというペンテコステ（聖霊降臨）の体験が有名です。キリスト教では、神と子（イエス）と聖霊は一体とされ、聖霊を受けるということは、とりもなおさず神からの接触を受けることを意味します。しかし、これはイエス・キリストという特別な人格の死にまつわる出来事で、私の場合の参考になるとは思えませんでした。

エックハルトは中世ドイツ最大の神秘家と言われる人で、当時、肩を並べるものがいないほど名高い神学者でもありましたが、ドイツで初めて、ラテン語ではなく、一般民衆にもわかるドイツ語で説教を行ったことでも知られています。しかし、神との直接接触の可能性を説く大胆な教説によって、死後はローマ法王庁から異端とされ、著書はすべて集めて焼き捨てられました。今日まで残っているのは、名前を変えて秘かに伝えられた著作です。

彼は、人は思考された神をもって満足すべきではない、なぜならそれでは思考が消えるとともに神もまた消える。だから人は、人間の思考を超越した本質的な神を魂のなかに所有すべきであると言い、それを可能にする内面の状態を「離在」と呼びました。離在とは、神の意志にひたすら身をまかせ、自分で自分（自我）の外に出たとき、そこに生じる無に近い状態を言います。彼はそれを、次のような分かりやすい喩えで説明しました。

人が字を書くときには、そこにあらかじめ何かが描かれているとすれば、それがどんなに美しい文字や絵であっても、書く人にとっては邪魔になるだけである。それと同じように、神が何かを描かれるためには、心は白紙の状態にならなければならない。それは、神が万物を創造される以前の無に近い空っぽな状態を指す。エックハルトは、もし人がそのような状態になると、神の本質が否応なしにそこに入り込んできて、あらゆるもののなかに神が照り輝いて見えるようになるだろうと述べています。

私は、エックハルトに続いて、ルネッサンス時代の宗教改革期に花開いた、スペイン神秘主義の代表者の一人である十字架の聖ヨハネの著書のなかに、同じような言葉を見つけました。彼は、修道院生活の最終地点は、純粋で空っぽな状態であると述べています。もしその状態に達することができれば、「聖霊」からの直接の働きかけが受けられるようになるでしょう。しかしそこに至るためには、多くの段階と厳しい試練を乗り越えなければなりません。

これらの事例から、私は神と直接に接触することができた人たちが過去に存在したことを知りました。それは私に希望を抱かせましたが、一方では私を落胆させました。神との接触を可能にする鍵は、心が完全に空っぽになるまで純化させることだと分かりましたが、そうなるためには、私のような凡人にはとうてい不可能な、並はずれた強い意志と禁欲的な訓練が必要だからです。

私はキリスト教の例ばかりをあげましたが、仏教徒の訓練の目標も「無」に近い空っぽな心の状態です。座禅やその他の修行は、すべてそこに至る手段であり、それによって私たちは、果てしなく続く輪廻転生の鎖を断ち切って涅槃《ねはん》に達することができると考えられています。しかし、それは凡人には達しがたい理想であり、一生をかけて厳しい訓練に身を捧げても、「無」へ到達できるという保証はありません。「無」や涅槃はあきらめて、念仏によって弥陀の極楽浄土への死後の往生を願う浄土系の仏教については、ここでは省略します。

私を尻込みさせたもう一つの問題は、心を空っぽにしたときに生じる憑霊《ひょうれい》の危険性でした。すでに述べたように、私は子どもの頃、神憑《かみが》かりになった娘の異様な言動を目撃していました。ですから、憑霊は、その医学的あるいは心理学的な解釈はどうであれ、私にとっては高い可能性を持った危険でした。もし良い指導者なしに、あるいは不注意に空の状態を目指せば、憑霊の危険性があります。この問題については、谷口師も自叙伝のなかで、青年時代に経験した大本教の鎮魂行には憑霊の危険性があったと書いていました。実際、生長の家の瞑想法は、その危険を避けるために特に師が考案したものでした。

こういうわけで、探究の結果分かったことは、あの体験を取り戻すことは全くの不可能とは言えないが、可能性は極めて低いということでした。とりわけ現代社会の風潮を考えると、私の願いを叶えてくれるような方法がこの世に存在するとは思えませんでした。

私は大学を卒業すると、日本教文社（以下教文社と書くことにします）の編集部に入社しました。教文社は、もともと谷口師が自分の著作を出版するために設立した会社で、生長の家の出版部という性格のものでしたが、生長の家の出版物以外にも、フロイドやユングなど主に精神分析関係の本の出版に力を入れていました。

私が教文社を選んだのは、周囲から勧められたこと以外に、編集に興味があったのと、生長の家とは子どもの頃からなじんでいて、働きやすい環境だと思ったからです。最初の体験以来、私の関心は宗教に向かっていて、宗教的環境のなかに身を置きたいという思いがありました。しかし私は、生長の家の組織の内部に入ることや、生長の家の瞑想法を実践することで、あの体験を取り戻す道が見つけられると思ったわけではありません。私の体験は全く思いがけないもので、その内容は谷口師が説いているところと本質的に相容れないものではありませんでしたが、どんな特定の宗教とも関連していませんでした。

教文社では、まず青年向けの機関誌の編集にたずさわり、二、三年後には信者全体に対する生長の家の中心機関誌の編集者になりました。この中心機関誌は、谷口師の個人雑誌のような色合いを持っていましたから、私と谷口師との関係は深まりました。

教文社の若手編集者として私が望んだことは、生長の家が谷口師の設立当初の理想にしたがって、既成宗教化しないことでした。谷口師は、自分のグループを、宗教ではなく思想運動としてスタートさせました。師の最初の理想は、信者からの献金に頼って会を運営するのではなく、教文社を設立して、その利益で会の活動を支えることでした。それは、スピリチュアルな運動にとって全く新しい観念であり、革命的な試みでした。

しかし、敗戦とそれにともなう社会の変動によって財政基盤が脅かされ、師は結局生長の家を宗教法人にすることを選び、既成宗教化への道を歩き始めました。谷口師がはじめそれを避けようと努力したことは確かです。しかし、師の努力は成功しませんでした。生長の家は、まもなく他の多くの新興宗教と同じように信者数を拡大することによって財政基盤を強化する道を選び、谷口師が戦争孤児のためにつくった福祉施設を充実させる代わりに、大規模な宗教施設の建設に力を入れるようになりました。

私は、次第にその傾向に違和感をおぼえるようになりました。それと同時に、あの最初の体験に対するノスタルジアと、それを取り戻す手がかりが得られないことが、私の絶望感を強めました。やがてそれが健康にも影響して疲労感が増し、全身の血が重く濁ってきたような感じを受けました。

私がフセイン・ロフェという英国人と出会ったのはそんな時でした。

出会い

フセイン・ロフェとの出会いは、私の人生にとって一つの転機になりました。フセインは三十代前半のシリア系の英国人で、私は彼を介してスブドの存在を知ったのですが、彼と出会ったのは、いくつかの偶然の重なりの結果でした。

一九五四年のある朝、教文社の編集部でちょっとした騒ぎがありました。その日の午後、谷口師がめずらしく無名の若い外国人と会うことになっていて、その通訳に、生長の家の英文機関紙を編集していた日系二世の米国人があたることになっていました。その彼が、当日の朝になって、急に高熱のために来られないと連絡してきたのです。急ぎ代りの通訳探しが始まり、その結果、青年会の会員で、編集部にもときおり出入りしていたJが代役に立つことになりました。Jは私の大学の二年先輩で、フルブライト奨学生として米国に留学した経験もあり、英語が堪能でした。

後に彼から聞いたのですが、実はこの通訳変更は、やや問題があったようです。Jは事前の打ち合わせを行う暇がなく、ぶっつけ本番で谷口師と外国人の通訳を行ったのですが、谷口師が優れた英語の読解力を持っているのを知っていたために、Jはヒアリングもある程度できるのではないかと勝手に想像し、話の途中からは自分の方がその外国人――それがフセインでした――の話に夢中になって聞き入ってしまったために、話のかなりの部分の通訳を省いてしまったと言っていたからです（谷口師がスブドを結局理解できなかったのは、それが一因だったかもしれません）。

　しかし、それは後で聞いた打ち明け話で、会談は表面上つつがなく行われ、翌朝会談に立会った教文社の編集部長から、谷口師がフセインのことを、まじめでなかなか良い青年だと言っていたという話が伝わってきました。そのため、数日後、Ｊからの提案を受けて、教文社の若手編集者の間で、そのフセインという外国人を招いて一度会ってみようという話になり、会合がセットされたので私も参加しました。

　正直に言うと、私はその会合では、彼の人柄にも話にも全く興味を感じませんでした。彼は新しいスピリチュアル・トレーニングを紹介するために日本に来たという話でしたが、それについてのくわしい説明はなく、編集者の方でも、谷口師が好感を持ったというので会ってみようという話になっただけなので、会合は彼の旅行中のエピソードなど、とりとめのない話に終始しただけでした。会合の翌日には、私は彼のことをすっかり忘れていました。

　ところが、数日後、Ｊから電話がありました。今夜フセインのところに話を聞きに行くことになっているが、一緒に行かないかという誘いでした。彼の方から電話をもらうのは初めてだったので、少々意外でしたが、Ｊがフセインに並々ならぬ関心を抱いているのが電話から伝わってきました。私が全く関心を持てなかったあの外国人に、なぜそれほど惹かれているのか。私はＪを優秀な先輩として尊敬していただけに、フセインという男に会うことより、Ｊの傾倒の理由を知りたいと思いました。少し迷ったあげく、私は彼と同行することにしました。

フセインのところに着いてみると、意外な事実が分かりました。Ｊは谷口師との会談の後で、すぐにフセインと連絡を取って、スブドのラティハンという新しいトレーニングを始めていたのでした。Ｊは、何ごとにも慎重な私の性格を見抜いていて、私に警戒されないためにその事実を隠していたのです。つまり、私はまんまと彼に誘いだされたわけですが、これも後から聞いたところでは、編集者との会合の後で、私を誘うようにＪに示唆したのはフセインだったようです。

谷口師との会談の内容も分かりました。フセインは、谷口師にスブドのスピリチュアル・トレーニングを試してみるようにすすめ、谷口師は、それは神を試すことになると拒否したのでした。

こうして、私はただフセインとJの話をそばで聞くだけのつもりだったのに、意に反して、フセインとの会話の直接の矢面に立たなければならなくなりました。

フセインは、編集者との会合のときとは打って変わった真剣な面持ちで、スブドのラティハンは神の力と直接的に接触することを可能にする全く新しい方法であると説明しました。神の力との直接の接触という言葉は、どうにかしてその場から逃げ出したいと思っていた私の注意を引きました。神の力との接触こそ、あの最初の体験以来、私が探し求めてきたものだったからです。

「至高の存在の力との接触は、思考と感情の働きが停止し、心が空っぽになったときに可能になる。ラティハンはそれを可能にする」

と、彼は説明を続けました。

「そして神の力と接触したとき、それまで人間の奥底で眠っていた魂が目覚める」

彼の説明は、私がこれまでの探究で知り得た事実とぴったり一致するように思われました。

「ひとたび魂が目覚めると、自分の魂が自分の先生となり教師となって、あなたの導き手となる。また、神の力と直接接触するのだから、人間と神との間を仲介する指導者や人間の先生はスブドには存在しないし、その必要もない」

この説明はとりわけ私の気に入りました。もし彼の言うことが真実であり、至高の存在の力との接触というのが本当なら、まさにそうあるべきだと思ったからです。

一通りの説明がすむと、彼は、「あなたはラティハンを受けたいと思いますか、思いませんか。もしやるのなら少なくとも三カ月は続けてほしい」と、短兵急に問いかけてきました。思いがけない展開に私は混乱しました。彼の口調からみて、今夜すぐこの場でラティハンを受けるかどうかと聞いているのは明らかだったからです。

「心を空っぽにして、霊に憑依される危険はないのですか?」と、私はたずねました。

「ありません」と彼は断言しました。そして、「目覚めた人間の魂は、どんな邪霊よりも強いのです」とつけ加えました。

後にある会員が、カラス天狗のようだと評したフセインの特徴のある風貌を見ながら、私の頭は忙しく回転しました。彼の説明や答えはどれも私には納得のいくものでした。しかし、知り合ったばかりのこの外国人の言うことを、うかつに信用してよいものかどうか。考えてみれば、彼について私が知っているのは名前だけです。生まれも経歴も何も知りません。かといって、いまさら改めて聞くのもためらわれましたし、聞いてみても、それがほんとうかどうかを確かめる手段がありません。

「そのスブドというのは、何人ぐらい会員がいるのですか？」

と、私はたずねました。

「二〇〇人くらいでしょう」

私は唖然としました。創始者のお膝元のインドネシアでたったの二〇〇人！　それでは明日消えても不思議ではない、泡沫《ほうまつ》団体ではありませんか。生長の家は、創価学会などとは比べものにはなりませんが、それでも数十万の信者がいるでしょう。もしスブドが本当に優れたものならば、なぜそんなに会員が少ないのか。

それに、インドネシアというのも気になりました。古くから多くの霊的指導者を生み出したインドならともかく、インドネシアでは……。今でこそ事情は変わりましたが、当時の日本人にとって、インドネシアはついこの前までオランダの植民地であった熱帯の未開国でした。私を含めて、インドネシアの優れた伝統文化や芸術を知る人は、まだほとんどいませんでした。

私は混乱して、どうにかして返事を引き延ばせないかと焦りました。「よく考えて改めて返事します」というのが私の言いたかったことですが、しかし何かがそれを妨げました。心のどこかで、もしこのまま帰ったら、私は二度とフセインを訪ねることはないだろうという気がしたのです。神の力との接触ということが、それだけ私には魅力的だったこともあります。

さんざん迷ったあげく、私がたどり着いたのは、卑怯な口実をつくって、自分の心を納得させることでした。

（危険はないとあれほどはっきり断言するのだから、それは信じることにしよう。そしてもし危険がないのなら、たとえ何も得られなくても、この男とつき合うことで英会話の練習にはなるだろう）

こうして私は、その晩彼の部屋でオープン（神の力との接触の道を開く最初のラティハン）を受けました。眼を閉じて立っている私のまわりで、フセインが何か歌っているのが聞こえました。Jも部屋のなかを動き回っているようでした。しかし私には何も感じられませんでした。

私は、三カ月は続けるという約束にしたがって、週二回フセインのところに通いました。しかし二回目も、三回目も、四回目も何も感じることができず、眼を閉じて三〇分間、棒のように立ち続けているだけでした。フセインは、私が何も感じられないのは、緊張を解くことができないからではないかと考えたのでしょう、床に横たわってラティハンを受けるようにと私に指示しました。

オープンのとき、そしてラティハンの初めの何週間か、何も感じられない人は特に珍しくはありません。原因は人によってさまざまですが、緊張のために心と体が硬くなっていることもその原因になるからです。

それからさらに回を重ねること二回目、私は初めて腰のあたりに軽い電気的な刺激のようなものが一、二度走るのを感じました。そして次の回、その刺激が強まったかと思うと、体の奥から突き上げるような大きなうねりが湧きあがり、気がつくと私は立ち上がっていて、よろめきながら大声で歌っていました。喩えようのない解放感が体の芯から吹き上げ、外に吹き抜けてゆきました。すばらしい爽快感でした。まるで暗い地下牢に閉じ込められていた私の一部が、壁が壊れて解放され、一挙に広い世界に出ることができたような感じでした。

次の回、私は同じような解放感を期待しましたが、体は動いたり歌ったりするものの、同じような爽快感は二度と得られませんでした。しかし私は、その一度のラティハンで確信しました。私は自分が求めてきたものに、ついにめぐり会ったのです。

スブドのラティハン

話を先にすすめる前に、ここでスブドの誕生の経緯にごく簡単にふれておきましょう。ただし、断わっておきますが、これから出てくるスブドについての記述は、話の進行や私の体験の内容を理解するために役立つと思われる範囲での私個人の見解や説明であり、スブドの公式な解説を意図したものではありません。スブドの詳細について知りたい方は、スブド・ジャパンにお問い合わせください。〔〒二一一六-〇〇〇四　川崎市宮前区鷺沼一-九-二二　http://subud.jp〕〔※注　『スブド』はワールド・スブド・アソシエーションの登録商標です〕

一九〇一年の六月、インドネシアのジャワ島で一人の男の子が生まれ、スカルノと名づけられました。生まれて間もなく重い病気にかかりましたが、戸口に姿をみせた見知らぬ老人の助言にしたがって名前をスブー（夜明け）と変えると、子どもの病気は治り、健やかに成長しました。ムハマッド・スブー・スモハディウイジョヨというのが彼の正式な名前ですが、通常ババとかパ・スブーと呼ばれていますので、本書でも以下ババと書くことにします。パとかババはお父さんということで、インドネシアでは実の父ではなくても、年長者や目上の人に対して一般的に使われる呼称です。

ババの少年時代についてはいろいろなエピソードが伝えられていますが、すべて割愛することにします。唯一、ここで説明しておかなければならないことは、スブド自体、ババが二四歳のときに得たある体験の結果だということです。それは説明のつかない体験でしたが、ババが後に確認することができたように、真実の体験でした。以下はそのとき起こったことです。

ある夜、彼が戸外を歩いていると、突然周囲が昼のように明るくなりました。驚いて見上げると、中空に太陽よりも明るく輝く光の球が浮かんでいました。その光の球は、彼の頭頂を貫いて体内に入り、全身を震動させました。心臓麻痺におそわれたのかと思い、急いで家に帰って寝床に横たわりましたが、光は彼の内部から出ていて、全身が透き通って見えたといいます。

彼が死を覚悟して自分を全能者にゆだねると、彼の体は自動的に動いて寝床から起き上がり、足が彼を隣の部屋に運んで行って、イスラム式の二回の礼拝を行わされました。それからまた足が勝手に動いて寝台に連れ戻され、眠りに落ちました。

翌日から連続千夜にわたって、ババは毎夜同じ力の訪れを受け、多くの霊的な経験を与えられましたが、その間ほとんど眠りませんでした。しかし不思議にも、日中はふだん通り勤めに出て、ふつうに仕事をすることができました。彼は、その期間の間に、将来世界に大きな戦いが起こり、インドネシアはそれを機にオランダの支配を脱して独立を達成し、その後、彼は世界中を旅するようになると告げられます。そして、そのきっかけは、多くの言葉を話す外国人がババを訪ねてくることであると知らされました。

ババは三二才のとき、彼の人生を変えるもう一つの体験をすることになります。それは、イエス・キリストやムハンマドがしたと言われる「昇天」と呼ばれる体験です。ババの魂は地球を離れ、太陽系を越えて、私たちが知っている宇宙を越えて広がる七層の天界を旅します。ババは、自分が属する宇宙から遠ざかるにつれ、星々が眼下にダイアモンドのように輝いて見えたと語っています。

彼は、そこから「至高の力」と直接接触し得るところまで旅し、宇宙の成り立ちと生命の秘密を明かされます。そして、彼の使命は、より高い力との霊的な接触を真剣に求める人々に、彼が受けているものを人類に対する神の新しい贈り物として伝えることであると知らされます。彼が受けたものは、彼から他人に伝えることができ、その人が今度はまた別の人に伝えることができるものでした。

以後、ババは自分が受けた接触を、身近な人たちから始めて求める人たちに伝え始めますが、当時のオランダの占領下では、大っぴらな活動はできませんでした。

ババが受けた予言は、二〇年後になって初めて実現します。第二次世界大戦が起こってインドネシアは独立し、ババは一九四七年に「スブド霊的同胞会」を設立します。世界中を回ってラティハンを伝えるきっかけとなると予言された多国語を話す外国人がババを訪ねてきたのは、それから三年たった一九五〇年で、それがフセイン・ロフェでした。ババはその間、自分からは何も行動を起こさず、ただ忍耐強く待ち続けました。

フセインは一種の語学の天才で、二五カ国語を話すことができました。若いときから語学を教えることで生活の糧を得ながら各国を旅行して回りましたが、その目的は真の霊的知識を持った指導者を見つけることでした。彼は、アフリカからインドを経て、インドネシアに達します。そして、東部ジャワに滞在中に、偶然語学の生徒の一人からババの存在を知らされます。彼はさっそくババを訪ねてさまざまな質問をしましたが、ババの答えはすべて彼を心から満足させるものでした。彼は直ちにオープンされることを願い、最初の外国人スブド会員としてラティハンを始めます。

フセインは一年間ババの家に滞在しましたが、ラティハンという稀有《けう》なスピリチュアル・トレーニングの存在を広く世に知らせることが自分に与えられた使命であると感じ、欧州や中東の宗教的な雑誌や新聞に投稿することを通して、ヨーロッパに戻る道を探ります。

彼が日本に来たのは、ヨーロッパに戻る方法を見つけられないでいる間に、彼の投稿記事が呼び水になって、新興宗教の一つである三五教が清水市で開催した世界宗教会議に招待されたからです。

しかし、世界宗教会議において、彼のスピーチにまじめに耳を傾ける人は誰もいませんでした。会議の目的は、三五教の宣伝にあることは明らかでした。失望した彼は、会議半ばで上京し、スブドとラティハンを直感的に理解してくれそうな宗教指導者を探すうちに、生長の家の谷口師の存在を知って、面会を申し込んだのでした。

彼は、谷口師が、以前はしばしば啓示を受けていたのに、最近はそれが間違になっていることを知り、神との接触のための新しい方法としてラティハンに興味を持ってくれるかもしれないと思ったのでした。彼が谷口師に会ってラティハンをやってみることをすすめ、谷口師がそれを拒んだことはすでに述べましたが、それが私の彼との偶然の出会いに繋がったのです。

誤解と混乱

こうして私はスブドを知り、半信半疑でオープンを受けて、自分でラティハンを体験しはじめました。そして予期に反して、至高の存在との直接的な接触の道が、スピリチュアル・トレーニングという形でこの世に存在していたことを知りました。ラティハンを重ねれば重ねるほど、私はますます魅了されるようになりました。特に私が惹かれたのは、その比類のない単純性と純粋性でした。

ラティハンは、どんな人間的努力も準備も必要としません。ラティハンを受けるためには、祈りも儀式も精神集中も必要なく、歌も音楽もマントラも使いません。くつろいで、自分自身の内面を感じるようにし、至高の存在に自分をゆだねる気持ちになればラティハンはすぐに始まります。また、止めようと思えば即座に止めることができます。それは驚くほど単純で、いつ、どこででも行うことができ、ラティハンに入るための補助手段は一切必要ありません。

エックハルトは、神は単純性の極致である「一」であると言っています。霊的な秩序においては、高くなればなるほど事態はすべて単純になり、低くなればなるほど物事が複雑になるとも言っています。私は、この基準はラティハンにもあてはまると思いました。たとえば、何かをつくる場合でも、神が「光あれ」と言えばそれだけで光が創られますが、神よりはるかに劣る人間が何かをつくるには、材料が必要であり、道具や機械が必要であり、きまった手順を踏むことが必要です。私には、ラティハンをしようと思えば、直ちにラティハンの働きが内部に出現するという驚くべき単純性は、ラティハンが人間の考案物ではなく、人智を超えた至高の存在からの力の働きである証《あかし》であると思えたのです。

さらに、ラティハンは人間の感情や思考が活発に働いている間は始まりませんが、それらの人間的要素が脇に置かれるやいなや直ちに立ち現れます。人間的要素が脇に置かれるというのは、それがなくなるのではなく、一時的に意識の脇に置かれて、自ら動こうとはしない不活発な状態になるということです。思考や感情が制限されて、意識と内部感覚だけが目覚めている状態のなかでラティハンは進行します。もちろん、思考や感情が完全に脇に置かれた状態というのは、実際にはなかなか困難です。しかし、ラティハンで働く力が、ラティハンの作用が受けられる程度にまで思考や感情の働きを自然に静めてくれるのです。そういう状態は、自分の意志の力では決してつくりだすことができません。そういう内的状態が、どんな人間的努力も必要とせずにつくりだされるということ、それがラティハンの最大の特徴の一つです。

そして、それがまたラティハンの純粋性を守っています。なぜなら、人間的な感情や思考や欲望こそ、私たちの内部に汚れが持ち込まれる原因だからです（思考や感情がまだ発達していない赤ちゃんが、どんなに無垢で純粋に感じられるかを考えてください）。

ラティハンが、思考や感情が脇に置かれた状態のなかでのみ進行するということは、それらに由来する不純物や人工的な作為が混入しないということであり、ラティハンの働きがつねに純粋な状態に保たれるということです。至高の存在である神はあらゆる純粋性の根源ですから、そういったラティハンの特徴も、それが高次の源からのものであり、ラティハンで働く生命力の働きが神の力からきていることを証拠立てているように思えます。

私は、こうしたものがこの世界に存在していること自体が奇跡であると思いました。そして、不思議な機縁でラティハンにめぐり合えた喜びに単純に浸っていました。しかし、自分の前途にどんな道程と試練が待っているかについては、そのときは何も気づいていませんでした。

その前触れとなる出来事は、ラティハンを始めて一カ月たつかたたないうちに起こりました。ある朝、いつものように教文社に出社すると、私の机の上に小さなメモが置いてありました。

「ラティハンとはどのように行うのか、報告されたい」

谷口師からのメモでした。

私には、谷口師が、こんなにも早く私がラティハンをしていることを知ったことがまず意外でした。私は、それを会社では黙っていたつもりだったからです。しかし、分かってしまった以上は仕方ありません。谷口師がフセインと会ったとき、ラティハンを試みるというフセインのすすめを拒否したことを私はもう知っていましたから、このメモの指示にどう答えるかは私にとっては大問題でした。スブドのラティハンにすでに確信を抱いていたとはいえ、始めてまだ一カ月しかたたない状況で、スブドについても、私が確信した理由についても、他人に理解できるように説明することはとうてい不可能でした。まして谷口師は、スピリチュアルな問題についてはエキスパートです。実際、スブドのラティハンを言葉で説明することは、長年ラティハンをやってきた今になっても、とても難しいことです。

私はさんざん迷いましたが、よい考えが浮かばず、結局、オープンの手順や、そのとき私に起こったこと、感じたことを、できるだけ客観的に記載して谷口師に提出するほかはありませんでした。

すると、翌日すぐ谷口師から次のメモが回ってきました。

「スブドのラティハンは、私がかつて大本教で経験した鎮魂行と同じである。憑霊の危険があるから、直ちに中止されたい」

谷口師と私との関係から言えば、それは命令に等しいものでした。組織上からは、谷口師は私にとって教文社の社長を超えた最高の上司であり、宗教としては、二人は師と弟子の関係にあり、当然のことながら私は谷口師の指示に従うべき立場にありました。

しかし、私はラティハンを止めるつもりはありませんでした。私はすでに確信しており、私から見れば、谷口師の判断が誤解に基づくものであるのは明らかでした。鎮魂行における憑霊の危険については、私は谷口師の自叙伝を読んですでに知っていました。だからこそ、フセインにその危険はないかと最初に念を押したのです。しかし、私には谷口師の誤解を解くだけの知識も能力もありませんでした。さんざん迷ったあげく、私は思いきって返事を出さず、谷口師のメモを無視することにしました。

谷口師がそれをどう受け取るか、さらに何か言われるのではないかと不安でしたが、幸い、何日たってもそれ以上のメモは回ってきませんでした。しかし、谷口師との間のことはそれで終わったのではなく、一年半後、私の病気に関連して再燃することになります。

フセインを中心にして始まったラティハン・グループは、主にJの家族や交友関係を中心に人が加わり、やがて私の友人も含めて十数人のグループに成長してゆきました。

しかし、フセインはもともと、スブドは学校に例えると小学校や中学ではなく大学のようなものであり、したがってスブドのラティハンの真の価値を理解できる人は、意志と努力で到達できる最高の段階にすでに到達した人、つまり人間の努力だけではもうこれ以上先へは進めないと、自らの限界を悟った霊的指導者のなかにのみ見つけられるだろうと思っており、スブドがそういう人を通して世界に伝えられてゆくことを望んでいました。そのため、三五教の世界宗教会議に失望し、次にはこの人ならと思った谷口師を説得することに失敗したフセインは、日本にいては、スブドを広く世界に伝えることはできないと考え、冬が来る前にいったんインドネシアに戻ることを決めました。

彼は、来日から半年後の九月、来たときと同じように船で日本を発ちました。香港でインドネシアへの再入国ビザを取るつもりでしたが、ビザはいつまでたっても取れず、そのまま二年間にわたって香港に足止めされることになります。結局、私たちが彼と一緒だったのはわずか四カ月足らずでした。

フセインを失った私たちは、Jを支部長とし、私を補佐役として会の体裁を整え、みなが協力してラティハンに励みました。私は翌年職場の同僚と結婚し、妻もラティハンを始めて、Jの妻や母や義妹とともに女子グループも発足しました。

こうして、発祥地のインドネシア以外では世界最初のスブド支部となった日本のグループは、発展への道を歩き始めたかのように見えました。

しかし、当時の会員は、私も含めて、スブドについて多くの誤解をしていました。ラティハンが至高の力との接触であり、全く新しい方法であるとは思っていましたが、どのように新しいかは理解していなかったのです。そのため、ラティハンによって起こる浄化の過程についても、ラティハンに対する正しい態度についても理解しておらず、ただ単純に、ラティハンをすれば他の方法以上に早く霊的に向上できると思っていただけでした。

さらにJは、フセインが言い残した注意に反して、自分のラティハンの深化に重点を置くよりも、会の拡大に意を注ぎました。つまり、私たちは多くの点で、過去の知識の枠内でしかラティハンを捉えていなかったのです。

グループに混乱が起こったのは、フセインが去って一〇カ月後のことでした。支部長として会の中心であったJが、突然、全員に対して、「スブド日本支部を解散することにしたので、そのための総会をX月X日に開催する」と通知してきたのです。まさに寝耳に水の通知状で、私は事情を確かめるために彼のところへ駆けつけました。

Jに会って分かったのですが、彼はラティハンで自分がどれだけ進歩したかを確かめるために、私には黙って霊的指導者とか霊能者と呼ばれる人たちを訪ね歩いていました。彼は、そのような行動が、自分を他人と比較しないというスブドの基本的態度に反することを理解していませんでした。そして驚いたことに、昔の山伏や僧侶がしていた験くらべ（霊力くらべ）まがいのことをしていたのです。

彼は、ある女性指導者に会ったとき、その霊能力に圧倒され、彼女の言うことを盲目的に信ずるようになってしまっていました。その女性指導者は、神のお告げとして、「フセインが去った後のスブドのグループは、邪霊の巣になっているから、すぐさま解散した方がよい」と言い、Ｊはそれを信じてスブドのグループを解散しようとしたのです。

Ｊは、自分と妻が、その女性によってどのような神秘的な体験をしたかを私に話しましたが、言葉の端々から、彼が心のバランスを失いかけていることが見て取れました。そのような彼に対して、私は、たとえ支部長といえども、勝手に支部を解散させる権限はないと納得させることくらいしかできませんでした。

幸い、支部総会は落ちついた雰囲気のなかで行われ、解散を主張するＪの説明の後で、一人ずつ今後もラティハンを続けるかどうかを表明することになりました。Ｊが通常の精神状態ではないことは明らかでしたが、Ｊの言うことをそのまま信じないまでも、彼の言葉や態度によってほとんどの会員がスブドに対する信頼を失いました。多くの会員がＪの影響でスブドに入ってきていたからです。

結局、彼が退会してもラティハンを続けると表明したのは、フセインと偶然知り合ってラティハンを始めた大学生と私の友人、それと私と妻の四人に過ぎませんでした（Ｊは退会後、実際に一時心のバランスを失って、家族の手で強制的に入院させられました）。

総会後、残った四人はなお細々とラティハンを続けましたが、それから四カ月後には、さらなる打撃が待ち受けていました。残りのグループの中心となった私が結核で倒れ、集まりに参加できなくなったのです。私が回復するのはいつになるか分からないことが明らかになったとき、グループはもはや生き延びる力を失い、解散に追い込まれました。

試練と救いの手

私の結核の発症は、私にとっても、他の会員にとっても予想外の出来事でした。私たちはスブドについて多くの誤解を抱いていたと述べましたが、その一つが病気に関するものでした。私たちは単純に、ラティハンをしていれば重い病気にかかることはないと考えていました。フセインからそう聞いていたからです。しかし、これは誤解でした（フセインは優れた知性を持ち、ババの家に滞在して多くの知識を吸収していましたから、当時ラティハンを始めてから三年ほどしかならなかったのに優れた洞察力を持っていましたが、しかしなおスブドに関する経験と知識において不十分なところがありました）。

一般的に言って、ラティハンをすれば健康状態が改善され、病気にも良い影響を与えることは事実です。しかし、ラティハンの目的は、病気を治すことではなく、神の力の助けによって魂を覚醒させ、成長させ、魂の本質が私たちの全心身に浸透するように、私たちの存在をつくり変えるためのものです。そして、その最初の過程は浄化です。ですから、浄化の付随的な結果として病気が治ることもありますが、浄化の過程として、それまで隠れていた病気が表面に出てきたり、変化の過程として、身体が病気のような症状を呈することもあり得るのです。

病気にはいろいろな原因があります。特定の病気がラティハンをすることで治るかどうかは、それがどのような原因で生じているか、その病気がその人の浄化の過程とどう関わっているか、そしてその人に対する神のご意志はどこにあるかによります。ラティハンがそういうものである以上、病気治しを目的としてラティハンをするのは本末転倒ですし、病気を治したいだけならば医者のところに行くべきです。しかし、私たちは当時、ラティハンの健康に対する作用を新興宗教の病気治しと同じ枠内でとらえ、ラティハンをしていれば病気にならないと短絡的に考えていたのです。

結核が高熱をともなって発症し、そう簡単に治る病気ではないことが分かったとき、私は自分が病気になった理由がわからず、戸惑いました。香港にいるフセインに手紙で問い合わせましたが、彼からは、これまでの自分の経験にはなかったことで、不思議に思うと言ってきただけでした。

そのうち、混乱した私をさらに追い込むようなことが起こりました。私の発病を知った谷口師が、私がそれまで編集していた生長の家の機関誌に、「教団の二人の有為な青年が、スブドの修練をしたために、一人は発狂し、もう一人は結核になった」と書いて発表したのです。名指しはしなかったものの、Jと私のことであるのは明らかでした。私自身は、病気はスブドのせいではないと思っていましたが、それを証明する手だてはなく、何が原因かと聞かれれば、私にも分かりませんでした。私の心は、なぜ？　という疑問を抱いて揺れ動きました。

谷口師の言葉は、教文社における私の立場はもとより、生長の家の職員であり講師である母の立場に微妙な影響をおよぼすことが懸念されました。しかし、私はどうすることもできませんでした。

実をいうと、母は、Jの退会で会が混乱する直前にオープンを受けて、二度ほどラティハンをしていました。ですから、母は自分の体験による判断と、教祖の谷口師の判断の板挟みになったわけですが、ありがたいことに、私やスブドに対して批判めいたことは一言も口にしませんでした。

さらには、経済的な問題もありました。私には全く貯えがありませんでした。教文社は私を、会社の規則では最も長い六カ月の休職扱いにしてくれましたが、六カ月たって病気が治らなければ、休職給は打ち切られ、私は無収入になります。妻はちょうど最初の子どもを身ごもっていて、働こうにも働くことができません。

こうして、私は内面的にも外面的にも苦しい状態に追い込まれたわけですが、一方で、実は全能者からの救いの手も同時に差し伸べられていました。

というのは、ちょうどそのころ、一人の外国人のスブド会員が日本に赴任してきていたのです。そして、不思議としか言いようのない偶然の一致によって、私の結核が発症したのは、連絡を受けて彼に会いに行ったその晩のことでした。

彼は、マイケル・ロッへというオランダ人で、オランダ国立商業銀行に勤務していましたが、香港支店から神戸支店に副支店長として転勤してきていました。彼は、香港でフセインからその年の一月にオープンを受けていました。そして、神戸に赴任する前にインドネシアに飛んでバパと会い、日本に来てから二カ月ほど東京に滞在し、私に手紙をくれたのでした。

十二月のその晩、私はもう一人の会員とともに彼を訪ねました。彼の宿舎の近くまできて、夕食をすませてから訪問しようと蕎麦屋に入ったときです。急に体が熱っぽくなり、体温が急速に上昇するのを感じました。流感かなと思いましたが、後で分かったのは、結核が発症して病巣が急激に広がったときに生じる高熱でした。その日はどうにか彼と話をして家に帰りましたが、翌日から寝込んでしまいました。

マイケルの来日は、長い療養生活を送ることになった私の心の支えになりました。東京と神戸と、住む場所は違いましたが、他の会員がすべてラティハンに対する信頼を失って離れた後では、彼が唯一の仲間になりました。

私は、つたない英語で彼と文通を続けました。彼はそれだけではなく、療養中の二年間にわたって、私を経済的に援助してくれました。私からは一度も頼みませんでしたが、無収入になった私の実情を察して、毎月欠かさず送金してくれたのです。それは実際、私の家族にとっては、生き延びるために必要なお金でした。私は、病気によってそれまでの仲間をすべて失いましたが、その代わりに外国人の貴重な友人を与えられたのです。

さらにマイケルは、私が頼まないのに、私の病気についてババに問い合わせてくれました。当時ババとは、インドネシア語かオランダ語でしか文通できず、私からはババに手紙が出せませんでした。マイケルは、ババの返事を英語に訳して私に送ってくれました。

「自宅でラティハンをしてもよいかという問題については、もしあなたが助けなしでラティハンを止めることができるのなら、してもよいというのがババの答えです。

二番目の質問については、もしあなたが医者に行ってさらに治療を受ける必要があると思うのなら、ババもそう思うとのことです。

三番目の質問の答えですが、この病気はラティハンによって起こされたのではなく、まさにその反対です。あなたはラティハンに従う前に、すでに数種の病気持ちでしたが、病気だとは思われていませんでした。痛みが感じられなかったからです。しかしながら、実際は病気が存在していたのです。ラティハンの結果、その病気が現実の痛みとして感じられているのです」

それからババは、私へのアドバイスとしてこう述べていました。

「神は一人ひとりの個人的魂の容量をご存じであり、各人がどれだけ神の賜物を受け取ることができるかをご存じです。ラティハンに従う人々に対するバパのアドバイスは、あらゆることを神の偉大さと力に委ねることです。あなたにも同じことがあてはまります。あなたにできることは、神があなたを病気から癒し、以前より以上に健康にしてくださるよう、あらゆるものを全能者に委ねることです」

私がいくつもの病気持ちであったという指摘にはびっくりしましたが、バパの答えは私の疑念をはらしてくれました。結核がラティハンを始める前から潜在していたというバパの言葉は、私にとって納得のゆくものでした。父も兄も結核であった上に、私自身も痰の色などで、何年か前から実はその徴候を感じて結核を疑っていたからです。

けれども私は、神にすべてを委ねるというバパのアドバイスを、そのときは深く考えずに読み流しました。神に全托するということは、多くの宗教で言っていることですから、私にはもうなじみの言葉でした。私は、言葉を頭で理解することと、それを実践することとはまるで違うということ、そして自分が実際にはまだ神の力を信頼してもおらず、神に委ねてもいないことに気づいていませんでした。神に自分を委ねるというのは、スブドの出発点であると同時に、最終地点でもあります。私は、ラティハンを熱心に行いながら、そのことを頭でしか理解していなかったのです。

結果として、私が実際にしたのは、すべての成りゆきを神に委ねようと決意する代わりに、潜在していた私の病気が表面化したのがラティハンの作用によるものならば、ラティハンによって治るはずだと、より頻繁にラティハンをすることでした。ラティハンで病気が治るという誤解がまだ続いていました。

私は、「スブドのラティハンをした結果病気になった」という谷口師の見解が誤解であることを証明して、できるだけ早くグループを再開したいと思っていました。しかし、このままでは谷口師や人々の誤解をはらすことができず、グループの再開もおぼつきません。もしラティハンによってふつうより早く治ったら、それが谷口師への反論になり、誤解をはらすのに役に立つ、それが私の考えでした。でないとスブドが負けたことになる。いま思えば愚かな考えですが、当時の私はそれが我意にほかならず、それが神への全託とは正反対であることに気がつきませんでした。

私は、ラティハンをするために入院を拒みました。そして、週二回か三回という原則に反して、毎日、時には日に二回も三回もラティハンをすることによって、早く病気が治ることを期待しました。ラティハンの進歩は、その人の持つ条件に応じて神がお決めになることで、私たちの意志で左右することはできません。「神は一人ひとりの個人的魂の容量をご存じであり、各人がどれだけ神の賜物を受け取ることができるかをご存じです」というバパのアドバイスはそのことを示しており、だから神にすべてを委ねるようにと言われたのに、私にはそれが理解できず、「努力すればするほど報われる」というこの世の常識に基づいて、数多くラティハンをすれば、それだけ早く神からの賜物を受け取ることができるだろうと期待したのです。

初めのうちしばらくは、自宅療養の形でラティハンに励むとともに、それまで読んでいなかった旧約聖書を通読し、クルアーン（コーラン）を読み、仏典を読むことに時間を使って、比較的落ちついた気持ちで日々を過ごしました。

その間に、思いがけなく一つの体験も与えられました。それは、近くの診療所で喀痰検査をしてもらい（痰には、培養するまでもなく多くの菌が見つかりました）、薬をもらって帰る途中のことでした。

ちょうどお昼時で、通りに人影はありませんでした。ゆるやかな大通りをゆっくり下っていると、何の理由もなく、ふいに神に対する悔い改めの気持ちが湧き上がってきたのです。通常の後悔の念とは全く異なる、新しい感情でした。私は、神に対して、過去の自分の行為についてではなく、現在の私の状態について詫び、許しを乞うていました。スブドのラティハンという類いまれな恵みを受けながら、なおも汚れて不純な状態にある自分が申しわけなくて、神に詫びても詫びても詫びきれないという思いでした。

その思いは、自分の心から出たものではなく、もっと深い魂から突き上げてきた感情であることは明らかでした。私の眼からは涙があふれ、私は嗚咽《おえつ》が声となって出るのを必死でこらえました。

しかし一方では、私はそういう自分を半ば驚きながら観察していました。これが魂による真の悔い改めというものか、と私は思いました。

そういう経験もありましたが、しかし三カ月たち、四カ月たち、半年たっても、病状が少しも改善されないことが明らかになると、私は次第に焦り始め、迷い始めました。私は必死で波立つ心と闘いました。しかし、激しい心の葛藤と毎日闘って九カ月たったとき、私はついにギブアップしました。母のひざ詰め談判にあって、結核療養所に入院したのです。疲れ切り、追い詰められて、誤解をはらしたいという願いも、早くグループを再開したいという希望も捨てて、後は野となれ山となれと投げ出したのです。

後になって分かったのですが、結果としてそれが私にとって神に委ねるという全托への行為の第一歩となりました。自分から進んで委ねたのではなく、状況に強いられてやむなく投げ出したに過ぎませんでしたが、それでも自分の運命を、私より大きなものの手に委ねた最初の行為となったのです。

すべてを投げ出した結果、療養所に入るとともに私の心は安らぎました。療養所での診断で、右肺に二つ空洞があり、左肺にも浸潤が広がっているのが分かりました。両肺とも手術が必要であるが、このままでは病巣が広がりすぎていて手術できないので、薬で左肺の浸潤を縮小させてから手術する、ということになりました。当時は結核の薬物治療が始まったばかりで、まだ手術全盛の時代でした。しかし私の場合、すぐには手術できない状態だったことが幸いして、薬物治療を続けるうちに病気は徐々に改善のきざしを見せはじめました（少々時間はかかりましたが、結局手術しないで治りました）。

入院中の時間は、マイケルから借りた英語の本を読んで過ごしました。セオソフィー

（神智学）の本や、当時日本では翻訳されていなかったクリシュナムルティー、グルジェフ、ウスペンスキーなどの本を辞書を引きながら読んだのも、時間がたっぷりあったからです。

一方で、私は療養所の施設や庭の人気《ひとけ》の少ない場所を探し、時間を選んでラティハンを続けました。人々にラティハンの価値を認めてもらうことの難しさを痛感し、グループの早期再開をあきらめた私は、もっと経験を積むまで、一〇年間は自分一人で黙ってラティハンをしようと心に決めたのです。

入院して八カ月後、私の枕元に、思いもかけないニュースが飛び込んできました。香港で足留めされていたフセインがようやく英国に戻り、グルジェフとウスペンスキーが死んだ後に英国のグルジェフ・グループを率いていたジョン・ベンネットにオープンを受けさせ、バパを英国に招待したというのです。

物事は驚くほどのスピードで展開し、ニュースが次々と届きました。グルジェフのネットワークを通して、英国では何百人もの人がオープンを受け、ラティハンを受けた英国の有名な映画女優エバ・パルトークの奇跡的な病気治癒がマスコミをにぎわし、バパは招かれてドイツやオランダやスイスを訪問し、さらに米国やオーストラリアからも招待されていました。

私にしてみれば、これらはあり得るはずがないことでした。確かに、私はオープンされた当初、フセインから、パパが近く世界を旅行すると言っていたということを聞いていました。しかし、私は全く信じていませんでした。どう考えても、客観的に見て、そういうことが可能になるような外的条件は何一つ存在せず、そのための準備もなかったからです。フセインだけが動こうとしていましたが、彼は香港から英国への旅費も自分では工面できないような状態でした。

私の胸は高鳴りました。決して起こるはずのないことが起こったのです。一〇年間は自分一人でラティハンをするという私の決心も、もしかすると軌道修正の必要が出てくるかもしれない、と思いました。しかし、私はまだベッドの上でした。実際には、退院の許可が出るまで、なお七ヵ月以上待たなければなりませんでした。

退院を許されて、久しぶりに自宅に戻ったとき、私は深い感慨におそわれました。「私は忍耐を学んだ」と思いました。確かに私は、二年半にわたった逆境を通して忍耐することを学びました。たとえ今後どんなことが起こっても、自分は耐えられるだろうと思いました。

しかし、それは私の前途に待っているものを知らなかったからでした。

最初の霊的な体験

私が退院後最初に訪れたのは、Jの家でした。あんな事件を起こして退会したとはいえ、彼が今どうしているか、スブドについて現在どう考えているかを知りたかったからです。

Jは大学の英語講師をしていました。彼は、はじめ過去の出来事などすっかり忘れてしまったような顔をしていましたが、ババの訪英と西欧諸国におけるスブドの広がりについて話すと、すぐに強い関心を示しました。Jの父は、自分は本当はラティハンを続けたかったのだが、息子の不祥事の手前、身を引かざるを得なかったのだと言いました。Jの妻もその義妹も、私がグループ・ラティハンを始めれば参加したいという意向でした。思いがけなく、もし私が望めば、すぐにでもグループを再開できそうな情勢でした。

しかし私には、その前に解決しなければならない緊急の課題がありました。それは生活の問題です。幸い、教文社からは、母を通して、私の復職を認めると伝えてきていました。その上、病後の体のことを考えて、当分の間仕事の内容も配慮してくれるということでした。谷口師の意向もあったと思いますが、長い療養生活で体が弱っていた私にとっては、願ってもない寛大で好意的な申し出でした。しかし、私は返事を引き延ばしていました。

ぐずぐずと返事を延ばしている私の煮え切らない態度に、母や兄は次第に苛立ちを募らせました。兄からは、このご時世に、お前のような病み上がりを雇ってくれるところが他のどこにある、狂気の沙汰だとあきれられました。実際その通りでした。母は私の入院以来、私のアパートに同居していましたので、毎日勤め先の生長の家から戻ると、私と押し問答が始まりました。

私が教文社に復職するのをためらったのは、もし復職すれば、大っぴらにラティハンをすることができないという点にありました。そうなれば、グループの再建も難しくなるでしょう。しかし母には、それがなぜそれほど大切なのか、どうしても理解できないようでした。ラティハンをしたいのなら、しばらくは隠れてラティハンをすればよいではないかというのが母の主張でした。最後には譲歩して、一、二年したら何か理由をつけて教文社をやめてもいいから、とにかくいったんは復職してほしいと私に懇願しました。しかし、私はそれでも返事をためらっていました。

母との押し問答は、最後には必ず堂々めぐりになりました。

「そんなに復職をためらうのは、お前は本当は生長の家が嫌いなのでしょう」

「そんなことはありません」

「ではなぜ母の頼みが聞けないのですか」

「もう隠れてラティハンをしたくはないからです」

「そんなことを言っても、やはり本当は生長の家に反対なのでしょう」

母は生長の家の本部講師ですから、谷口師は母の上司であるばかりではなく、自分の信ずる宗教の教祖であり、自分を不治の病から救ってくれた恩人です。きっとそれまでも、私の病気に関する谷口師の発言のために、教団の内部で肩身の狭い思いをしてきたはずです。母の立場からすれば、教文社の申し出は谷口師の意向によることは明らかなだけに、もし私が復職の申し出を断われば、谷口師の好意を無にするだけではなく、生長の家の中心機関誌の編集までした息子が、谷口師の教えや権威に対して公然と叛旗をひるがえしたと思われても仕方がない、もしそうなったら、自分も生長の家にはいられないという気持ちだったでしょう。私には母の気持ちが痛いほど分かるだけに、きっぱり断わることもできず、どっちつかずの返事しかできなかったのです。

そんなことが何日も続いたある日、不思議なことが起こりました。

その晩も夜中の二時過ぎまで押し問答が続き、母は疲れて寝てしまいましたが、私はその場に座り込んでいました。疲れきって頭は熱くほてり、溶けた鉛を流し込まれたようで、眠ることも考えることもできなくなっていました。私は半ば無意識に天を仰いで、「神さま！」とつぶやきました。

その瞬間でした。身体に穏やかなバイブレーションを感じたと同時に、透明な雲のようなものが上からカーテンのように降りてきて、私の全身を天上的な雰囲気ですっぽり包んだのです。私の脳は一陣の涼風で吹き洗われたようになり、一瞬のうちに重くよどんだ頭が一枚の白紙のようになりました。そして、白紙になった自分の脳の中を見ているような感じになりました。

「谷口先生に手紙を書け！」

誰かがそう言ったような気がしました。

すると、白紙になった脳の上に、まるで電動タイプライターのように次々と文字が現れはじめました。文字は次から次へと、私が読むのと同じスピードで現れ、読み終えると消えて次の文字が現れました。意外なことに、それは私から谷口師への手紙の文章でした。

手紙のなかで、私はスブドのラティハンに関する私の考えを率直に述べていました。今後もラティハンを続け、かつスブドのグループをつくりたいと思っているが、私はスブドと生長の家の教えが矛盾するとは思っていない、したがって、教文社に復職することには何のこだわりもないし、教文社の意向には感謝しているが、私のそのような意図は、教団という組織にとっては、会の秩序という観点からはあるいは問題かもしれない、したがって、私が復職すべきかどうかについては谷口師のご判断に一任する、と述べていました。

かなり長い手紙でした。結びの言葉を読み終わると、私を包んでいた天上的なカーテンはすっと引き上げられ、私は元どおり畳の上に座っていました。

私の心は安堵の思いで満たされました。どういう結果になるかは知らないが、これですべてがうまくゆくと思ったのです。私は寝ていた母の身体を揺すぶって、「もう大丈夫だよ、きっとうまくいくから」と言いましたが、半分眠ったままの母には、もちろん私が何を言っているのか分からなかったに違いありません。

残念だったのは、私が手紙を書くのを翌日に延ばして、その晩、そのまま寝てしまったことです。私としては、読んだ文章はすべて鮮明に心に焼きついたので、一言一句忘れないで覚えているだろうと思ったのです。しかし、翌朝になって机に向かうと、確かに大筋は覚えていたものの、細かい言葉の使い方や表現は記憶がぼやけてしまっていました。そのため、実際の手紙は、私が読んだ立派な文章よりかなり見劣りするものになってしまいました。

しかしながら、この手紙によって、谷口師が何かを感じたことは確かでした。やがて谷口師から返事が届きましたが、それにはこう書かれていました。

「貴君は誠実さを貫いたために、いまでは以前よりも高級霊に導かれているように思う。

しかし、スブドのグループをつくりたいということなので、それであればやはり教団の外に出て行動した方がよいように思う」

こうして問題は解決しました。谷口師にお伺いをたて、その指示にしたがって師の了解のもとに教団を離れる以上、それをとやかく言う人は教団のなかにはなく、母の立場も守られました。私は母とともに谷口師の自宅を訪れて別れを告げ、谷口師も快く私を祝福してくれました。

この体験は、ジレンマに陥っていた私に与えられた、神からの助けでした。さらに私にとっては、ラティハンを始めてから初めての真にスピリチュアルな体験と言えるものでしたが、長い手紙の初めから終わりまでを一語一語はっきり与えられるという稀有なものでした。私はその後も、これほど詳細で行き届いた指示を経験したことはありません。このような特別な助力を与えられたのは、私のその後の行動がスブド・グループの再建と関係していたためだと思います。

私の手紙でありながら、私のものとは言えない手紙を書かされるというこの不思議な体験を通して、私はいくつかの点で眼から鱗が落ちるような思いを味わいました。

まず、谷口師に手紙を書くということ自体、私の選択肢には全く入っていなかった思いがけない発想でした。私は、たとえどのような書き方をしても、谷口師に手紙を書いて自分の考えを伝えれば、私の病気の原因はスブドだと発表した谷口師の教祖としての権威にさからうことになり、事態を悪化させるだけだと思って、初めから考えのなかに入れていなかったのです。しかし、神のなさりようは違いました。

次に、手紙の内容がとてもノーマルだったことです。常識的に理解できないような部分はどこにもなく、率直にスブドに対する私の考えを伝えながらも、理と礼をつくしていました。後に私は、神はノーマルであるという言葉をババから繰り返し聞くことになります。

さらに、最も意外で驚いたのは、私の前途についての判断を谷口師に委ねていることでした。自分の運命を他人に委ねる、これは私には思いもよらなかった行為でした。しかし、この手紙を書かされたとき、というより読んだとき、この状況下で自分の運命を谷口師に委ねるという行為が、とりもなおさず、私にとって必要な神に委ねる行為にほかならないことを理解することができました。それは、形の上では他人に運命を委ねているようでも、神は偉大であって、私の内面を通して働くことができるだけではなく、他人を通し、周囲の環境を通しても私のために働く力を持っておられるという、神に対する信頼に基づいた行為でした。だからこそ、谷口師はあの手紙を読んで何かを感じ、私にも母にも、そしておそらく谷口師自身にとっても満足のゆく結果がもたらされたのです。

その後はすべてが順調に進みはじめました。私は招かれるままに神戸のマイケルの家に一カ月滞在し、英国で出版されたばかりのベンネットの本『Concerning Subud』（スブドについて）を日本語に訳して出版する計画を立てました。翻訳は、出版を急ぐために、Ｊと彼の義妹と私の三人で分担することにしました。

東京に戻ってみると、Ｊはもうグループ発足の準備を始めており、さっそく会場探しが始められました。そのうち、Ｊの知人が二、三人グループに加わり、六月にはグループ・ラティハンが再開されました。教文社への復職を断わった私には、新しい就職口を見つけるという大きな問題が残っていましたが、あのような体験をした以上、あまり心配にはなりませんでした。

実際、就職運動を何一つしないうちに、それほど親しくしていなかった友人から、彼の父が勤めている特許事務所が人を求めているという話が持ち込まれ、八月から勤めることになりました。その特許事務所は、外国から日本へ、日本から外国への特許や商標の出願が仕事の九割を占める国際特許事務所で、採用の条件は英語のできる人ということでしたが、療養所で英語の原書に親しんだことが幸いして、簡単な所長面接の結果、すぐに採用が決まりました。

さらに、思いがけない幸運がついて回りました。この特許事務所はスペース拡大のため、翌年の一月に新築のビルに引っ越すことになっており、それまでは事務室が手狭《てぜま》で私の机を置く場所がないので、年内は一日おきの出勤にしてほしいと言われたのです。長い間寝たきりの生活を送ったため、体力がまだ充分に回復していなかった私にとっては願ったり叶ったりでした。実際に勤めてみて分かったのですが、最初しばらくは、一日働くと翌日はほとんどの間横になっていなければならないほど疲れてしまうのです。

ベンネットの本は、『二十世紀の奇跡スブド』と題して理想社から十二月に出版され、マイケルの発意で、それに合わせてバパを日本に招待する計画が立てられました。まだ数人の小グループにとって、バパを日本に招待することは費用一つとっても不可能な企てのように見えましたが、マイケルの努力とババの意向、そして英国スブドの協力によってそれが実現に向かいました。

ババは翌年（一九五九年）の二月、日本に到着しました。出版したベンネットの本は読者から多くの反響があり、ババは五日間東京に滞在した間に、二〇〇人以上の人々をオープンしました。

こうして日本のスブド・グループは奇跡的に再建され、新会員のオープンやラティハンの世話を担当するヘルパーや、組織上の事務や管理を担当するコミッティ（委員）が任命されて、多くの新会員とともに新たな出発を遂げました。そして、私は四人の男子ヘルパーのなかの一人に指名されたのでした。

究極の内的事件

ババの初来日から約半年間、私は眼が回るような忙しい日々を送りました。会員たちとのグループ・ラティハン、入会希望者たちへの説明とオープン、地方支部の設立の手助けなど、ヘルパーは人手不足でしたが、ラティハン経験がほとんどない人をヘルパーにすることはできませんでした。

夏になってようやくヘルパーが増員され、一息ついたとき、私は軽い疲労感とある種の満足感を感じました。たまたま日本で最初にスブドの存在を知ったがために感じていた責任を、ひとまず果たすことができた、私の役割は一応終わったという気がしました。疲れのせいか、死と天国に対する憧れさえ感じました。私は休息を望んでいました。しかし、私の希望とは裏腹に、その年の秋から二年以上にわたって、生涯で最大とも言える内的事件の渦中に身を置くことになったのです。

それは、常識では理解できない、危険で謎めいた出来事が次々に起こる奇妙な事件でした。後で気がついたことですが、物語の発端は、一年ほど前、私が特許事務所に就職したときに起こりました。それは、私が面接のために特許事務所に訪れた晩とその翌晩、二夜続けて見た夢です。

最初の夢のなかで、私は暗く長いトンネルのような廊下を一人で歩いていました。しばらく歩いていると、前方にほのかな明るさが見えてきました。あそこが出口だな、と私は思いました。

出口の近くにくると、右側の壁が少し凹《くぼ》んで小部屋のようになっており、廊下に面した机に、白い鬚《ひげ》を生やした見知らぬ老人が座っていました。私が前を通り過ぎようとすると、老人は、私の名前を呼んで呼び止めました。

（私はこの人を知らないが、どうやらこの人の方では私を知っているらしい）

そう思って、私は彼の前で立ち止まりました。すると彼は、おもむろに三つのことを私に告げました。

「お前の病気はお前のせいではない、お前の血縁のためである」

これが老人の最初の言葉でした。

「お前はこれから、いまより二倍も三倍も人々に知られるようになるだろう」

これが二番目の言葉でした。

それから老人は、二、三枚のスケッチを取り出して私に見せました。それは、若い女性の肩から上を角度を変えて描いたデッサンでした。

「お前はこの女性と結婚したほうがよいだろう」

と、老人は言いました。

(この老人は私のことをよく知っているようなのに、私がもう結婚して子どもまでいることを知らないのか)

と思いましたが、私は黙っていました。そして、老人がそれ以上何も言わないので、廊下から出るために出口のところに行き、扉を開けかけたところで眼が覚めました。

印象的で暗示的ではあるものの、さっぱり意味の分からない夢でした。病気というのは、私の結核のことかと思いましたが、それが私の血縁のせいであるというのは、どういう意味なのか。老人の二番目の予言は言葉どおりとしても、もともと広くはない私の交友関係が二、三倍広がったとしても、特に言われるほどのことではなさそうです。とりわけ、最後の結婚についての示唆はいったい何なのか。私のことをよく知っているようでいながら、妻子がいることを無視して、私がまるでまだ独身であるかのように、「この女性と結婚したほうがよいだろう」とは、なぜそんなあり得ないことを言ったのか。いくら考えても分からないので、私はその夢を無視することにしました。

ところが、翌晩もまた夢を見たのです。今度は、私は暗い小部屋の中にいました。部屋の中央の小テーブルにランプが置かれていて、テーブルの上に積まれているトランプのようなカードをほのかに照らしていました。

数人の人たちがテーブルの周りに立っていましたが、暗くて顔は見えません。部屋の入り口から新しい人が中に入ろうとしていました。よく見ると、テーブルを囲んだ人たちは、次々と手を伸ばしてカードを取っています。私もカードがなくならないうちにと、後ろから手を伸ばして一枚取り、表をめくりました。するとそこには、炎のような緋文字で、「Enter Triumph」（入れ、勝利）と書いてありました。夢はそこで終わり、私は眼が覚めました。

これも、暗示的ではあるものの意味の分からない夢でしたが、特許事務所に面接に行った晩とその翌晩に続けて見た夢なので、少なくとも今回の就職は悪いことではないという意味にとってもよいだろうと思いました。そしてこの二つの夢のことは、そのうち忘れてしまいました。

それから一年がたちました。

秋になって、スブドも軌道に乗り、勤め先の仕事にも慣れて心がゆとりを取り戻したころ、私は事務所の女子所員の一人についておかしなことに気がつきました。彼女はS子と言い、私よりかなり年下でしたが、事務所では先輩で、私は彼女から細かい仕事のやり方を教わっていました。

私が不思議に感じたのは、彼女と椅子を並べて仕事をしていると、心が妙に静かになることでした。それも通常の静けさではなく、それまでラティハンでしか感じたことのない特別な静けさでした。これは、私の経験では決してあるはずのないことでした。この娘は何か特別な資質を持っているのか、と私は思いました。

そういうことが何度か続いた後で、ある晩、妻と子どもが先に寝てしまってから、私は同じ寝室の壁に向かって一人でラティハンをしていました。すると、ふと、そばに人がいる気配がしました。見ると私の脇で、半透明な女性が跪《ひざまず》き、合掌して神に祈っていました。それはS子でした。と言っても、もちろん生身《なまみ》のS子ではなく、S子の幽体（アストラル・ボディ）です。意外な出現に私は驚きましたが、ラティハン中は何が起こっても、理由を詮索しないでただ受け入れるのが基本です。私は自分のラティハンに専心して、それによって心が乱されないようにしました。それにしても、オープンを受けていないのに、S子がなぜラティハンの場に入ってきて、なぜ私の横でラティハンのように祈ることができるのか。すべては謎に包まれていました。

数分後、S子の姿は徐々に薄れ、やがて消えてゆきました。

次の晩、さらに驚くべきことが起こりました。

その夜、私は妻子が寝静まってから、隣の部屋でラティハンをしていました。しばらくすると、眼の前に、ふいに小さな光の球が現れました。ピンポン球ほどの大きさだったと思います。直感的に、私はそれが自分の魂であることが分かりました。

私がその光の球を見ながらラティハンを続けていると、少し離れた空中に、突然もう一つの光の球が出現しました。最初の光球よりはやや小ぶりでした。

それはS子の魂でした。その光球は、空中を漂いながらゆっくりと最初の光球に近づいてきて、ついには端と端とが触れあい、まるで熱せられた金属の塊が溶け合うように、一つに繋がってひょうたんのような形をした光になりました。

その瞬間、私の口が勝手に動いて、「S子はいま、私の妻となった」と宣言しました。

思いもよらない言葉でした。それと同時に、私の内部から、喜びと幸せに満ちた神への賛歌が次々とほとばしり、あふれ出てきました。それは結婚を喜び祝う賛歌でした。

これが事件の始まりでした。私のラティハンの内容は一変しました。単独ラティハンであろうとグループ・ラティハンであろうと、ラティハン状態になるやいなや、口を突いて出るのはS子との結婚を喜ぶ賛歌だったのです。私は、自分ではそれをどうすることもできませんでした。歌は時には日本語として出てきました。そのため、グループ・ラティハンでは他の人に気づかれないように懸命に声を抑えました。私の内部は結婚を讃えるラティハンで一杯になっており、道を歩いていても、近くに人がいないと喜びの歌が口を突いて出てくるのでした。

忘れていた不思議な夢を思い出したのは、それからでした。夢のなかで見知らぬ老人が見せてくれた若い女性の顔のスケッチ、夢の中で私はあまり深い関心を持たずにちらっと見ただけでしたが、輪郭と言い目鼻立ちと言い、思い出してみると、S子の面立ちにそっくりでした。あの老人が言っていたのは実はS子のことであり、「この娘と結婚したほうがよい」という彼のわけの分からない言葉は、霊的な結婚という形でこうして実現したのです。

ラティハンでの出来事と対応して、現実の生活でも、S子との間で新しい事態が起こりはじめていました。最初に起こったことは、私にS子の感情の動きが感じ取れるようになったことです。

S子が心を動かすと、それが怒りであれ、喜びであれ、戸惑いであれ、私はそれを自分の内部で、まるで私自身の感情ででもあるかのように感じる経験をしはじめたのです。そして、彼女の感情が私に向けられている場合には、たとえ彼女が私の前にいなくとも、距離に関係なく即座にそれを感じるのでした。

私が最初戸惑ったことは、私が彼女の感情を感じるとき、それを彼女の感情として感じるのではなく、私自身の感情として感じることでした。私とS子の間で、まるで自他の区別がなくなったかのようでした。彼女の感情が動いたとき、その感情がそっくり私の内部で再現され、その感情は彼女のものではなく私自身の感情として意識されるのです。これが単なる思い違いや錯覚ではなく、そういう感情の共有関係が私とS子との間で現実の事実として成立していることが疑い得なくなったとき、私が持っていた常識は完全にくつがえされました。人間は一人ひとりが孤独な存在であり、他人はどこまで行っても他人であって、その心の中は決して本当には知ることができないという堅固な常識がもろくも崩れたのです。

こうした感情の共有は、ラティハンによって感受性が多少とも鋭敏化した私だけが感じる一方通行的な状態で、S子はそのことに全く気づいていませんでしたが、私にとってはまことに驚くべき発見でした。そして、その現象を観察していると、私の内部で私自身のものとして意識されるS子の感情は、その対象として、発信地であるS子に向かうことに気がつきました。たとえば、S子の私に対する愛の感情が私の内部で再現されたとき、それはS子に対する私の愛として私には意識されるということです。逆に、もしS子が私に憎しみを抱けば、私はS子に対する憎しみとしてそれを感じるということになります。

このメカニズムは、「他人から愛されたければ、まず自分が人を愛せ」とか、「すべてはその源に還る」という古い格言を思い出させます。宗教の世界では、人間が神（仏）を愛する気持ちになるのは、神（仏）が人間を愛しているからだという考えがあります。私は、自分の体験を通して、それが真実を言い表していることを知りました。一種の霊的な法則として、あるいは神が定め給うたところにより、すべてはその源に還ってゆこうとするのです。

では、自分が感じた感情が、自分から出ているのか、S子の感情の反映であるかをどうやって見分けるのか。その識別は簡単ではありませんでした。試行錯誤の結果分かったことは、つねに自分の内部に注意を払って、できるだけ静かで安らかな状態に保ち、それを自分本来の状態として覚えておく必要があるということです。もし、自分本来の状態からは異質な感情が特に理由もなく突然感じられるとすれば、それが他人から来たものであると分かります。そして、それが誰に向けられているかによって、その感情の発信源も見当がつきます。しかし、心がいつも揺れ動いて、さまざまな感情の間を行き来しているような状態であれば、見分けることは不可能になり、すべての感情を自分のものだと受け取ってしまうことは避けられません。

この感情の共有状態は、日時とともにますます深まってゆきました。S子は私に起こったことを何も知りませんでした。私は、スブドのことも、ラティハンのことも彼女に話しませんでした。私が経験したことは、おそらく誰にとっても受け入れがたい、私自身にも理解できないことだったからです。

それでも、S子は私に好意を持ち、愛するようになってゆきました。彼女が何かを感じ、私に対して特別な感じを抱いていることは明らかでした。彼女は自分の子ども時代の不思議な経験を私に話しました。

幼いとき、彼女は窓辺からしばしば光のようなものを見ており、また、困っていると、必ず「透きとおった人」が現れて窮地から救いだしてくれたといいます。思春期になると、そういう経験はなくなりましたが、彼女は最近その透明な人が戻ってきたビジョンを見たと話しました。戻ってきた彼は、ひどく傷ついており、ビジョンのなかで、彼女は懸命に彼を介抱していました。

彼女はまた、幼いときから、この世に生まれる時に神様から何かを言いつかってきたという記憶につきまとわれていました。しかし、何を言いつかったのかをどんなに思い出そうとしても、どうしても思い出せないのだと話しました。

彼女に起こったこれらのことは、私に起こった出来事と何か関係がありそうでした。しかし、なぜ二人の魂の結びつきが起こったのか、それが今後どうなるのか、私はいったいどうするべきなのか、謎ばかりで皆目《かいもく》見当がつかない以上、私は彼女にはっきりしたことは何も言えず、言葉をにごす以外にはありませんでした。自分の意思とはかかわりなく、ラティハンによって魂の結びつきが起こった以上、私としてはラティハンを通して次の展開が生じるのを待つほかなかったのです。

そうこうするうちにも、私に対するS子の愛情はさらに深まり、それとともに私は新しい経験をしはじめました。

あるときには、天上的な花の香りに包まれました。私は、昼食後のコーヒーを飲むためにビルの中の喫茶店にいたのですが、広い室内がすべて馥郁《ふくいく》たる花の香りに包まれているのに驚きました。それはバラの香りに似ていましたが、天上的な甘美さに満ちており、まるで喫茶店全体が天の花園に移動したような感じでした。

私は、その香りはS子が原因で、S子が何らかの理由で私も彼女を愛していると確信できた喜びの結果であると感じました。そして、それを嗅《か》いでいるのは私だけだということも分かっていましたが、他の人たちが気づかないのが不思議に思えるほど、その香りは強い現実感をともなっていました。私は幸福感に満たされましたが、喫茶店を出ると、その香りは消えてしまいました。

こうして私は、感情にも匂いがあることを知りましたが、それをほかの経験でも確かめることができました。

ある日、混んだ電車に乗り込むと、まるで腐った果物のような強烈な悪臭におそわれました。そばで若い男女が人目をはばからずにいちゃついていましたが、悪臭は彼らから出ていました。その悪臭には甘い匂いがほんの少し混じってはいましたが、私はひどい悪臭に息ができなくなって、次の駅で電車を飛び下りました。それは彼らの恋情の質を表していました。

またあるとき、私は事務所で欠勤している人の机の後ろを通りかかって、強烈な酒の臭いを感じました。それは、誰も座っていない椅子から発散していました。その席の人は実際に酒好きで、二日酔いの翌朝にはよくそんな臭いを発散させていました。しかし、本人は休んでいてその場にいないのに、二日酔いの臭いが彼の椅子に染みついて残っていて、それをはっきり嗅ぐという経験をしたのは初めてでした。犬はこんなふうに人間には分からない臭いを嗅いでいるのだろう、と私は思いました。当時の私は、感覚、特に嗅覚が鋭敏になっていました（それは一時的な状態で、間もなく元に戻りました。そうでなければ、多分この世でふつうに生活できなくなるだろうと思います）。

別な種類の経験ですが、離れた場所にいながらS子の声を聞いたこともありました。夕食を終えて家族とともに部屋で座っていると、S子が私の名前を呼んでいるのが突然聞こえてきました。その声は、どこか空中から聞こえてくるのではなく、私の身体の内部から聞こえてきました。S子は二度、三度と私に呼びかけていました。彼女が実際に声を出していたのか、心の中で私に呼びかけただけなのか、とにかく彼女の肉声がはっきり聞こえたのです。他人の声が自分の身体の中で響くのを聞くのは、とても奇妙な感じでした。それは空耳ではあり得ませんでした。

私はそのとき、ウスペンスキーがグルジェフから訓練（ワーク）を受けていたとき、グルジェフの肉声が自分の内部から聞こえてくるという経験をし、それが彼の神秘的経験の頂点の一つであったかのように書いていたことを思い出しました（P・D・ウスペンスキー著「奇蹟を求めて――グルジェフの神秘宇宙論」平河出版社）。私は、彼が書いていたような経験が実際にあり得ることを知ったわけです。

そして最後に、これらすべてのクライマックスとなるような出来事が起こりました。

その日私は、運転手つきの所長の車を使って、外国大使館で書類の認証を受けるために外出していました。仕事が済んだので帰途につき、ほっとして後部座席に一人で座っていました。そのとき、突然身体がだるくなり、強い脱力感におそわれました。ふつうに座っておられなくなり、運転手に断わって座席に横になりましたが、脱力感はさらに強まり、全身の力が抜けて、ついには指一本動かすこともできないようになってしまいました。確かに異常でした。

やがて胸の中が、突然灯りが点ったように明るくなりました。そこにS子がいました。この感じは言葉では表現はできません。それは強烈な存在感をともなっていて、この世の事物に対して感じるふつうの現実感と比べると、一〇倍も一〇〇倍も強い実在感を持っていました。

パパは、真にスピリチュアルな経験の特徴として、ふつうの一〇〇倍も強い現実感をあげていますが、このような圧倒的な現実感を前にして、自分が体験していることの真実性を疑うことのできる人がいるとは思われません。それが夢やビジョンとは違うところです。

真にスピリチュアルな経験においては、私たちはこの世より一〇〇倍もの重みのある霊的領域の真実に向かい合っているのです。

私の内部でのS子の実在感は、私を乗せた車が事務所に帰りつくまで変わりなく続きました。ただ、脱力感はなくなっていました。事務所に戻れば、そこにはS子がいるはずでした。私の内部のS子と、事務所にいるS子、私は好奇心を感じました。この二人のどちらが本当のS子なのか。私がこの状態で事務所に帰って、S子と話をしたら、どんな感じがするだろうか。

事務所に戻ってみると、S子は誰かと立ち話をしていましたが、やがて私のいる方に歩いてきて、私と簡単な言葉を交わしました。それは実に奇妙な感じでした。私の内部のS子は、輝くほどの存在感を持っているのに、私が話している目の前のS子は、影のような希薄な存在でしかありません。しかし、実体を欠いた影のような存在でありながら、ふつうの完全な人間として動き、歩き、話すことができるのです。S子は明らかに、自分の実体が分離して私の中に入ってしまっていることに気づいていませんでした。

私はふと、インドのマーヤ説を思い出しました。この世界は幻《まぼろし》であり、影に過ぎないという考え方です。私はそれまでマーヤ説に関心が持てませんでしたが、その考えにもある真理が含まれているのかもしれないと思いました。

S子は、私に起こったこれらの経験を何も知りませんでしたが、それが彼女になんの影響も与えなかったとは考えられません。彼女の私に対する恋愛感情は一層強まりました。S子の私への愛は、社会的には許されない愛でした。私には妻子があり、私には妻と離婚する意思がないことを、S子は最初から感じていました。それにもかかわらず、S子はあえて私に身を任せる決心をし、それをさりげなく私にほのめかしました。

そのとき、私たちは喫茶店で話していました。突然、彼女に対する火のような愛とともに、私の心の底から、予想もしなかった思いが突き上げてきました。

「もしS子と結婚ができるのなら、私は地獄に堕ちてもかまわない」

それは、一度も考えたことがなかった思いでした。私は慄然としました。私の関心は、つねに神に、そして天国に向けられていて、どんな理由であれ、それを断念することは考えられなかったからです。それなのに、体の芯からそう思ったのです。感情の共有関係のゆえに、それがS子からの思いであることは明らかでした。しかし、彼女が思った瞬間、それはもう彼女に向けられた私自身の感情であり、私はその思いの激しさに愕然としたのです。

「運命的な恋」という言葉が頭をよぎりました。確かに二人の愛は、自分たちの意思を超えた運命によって、魂が結びつくことで生まれました。それまで小説の中にしか存在しないと思っていた恋、それが自分を破滅に導くと知っていても、自分ではどうすることもできない運命的な恋というものが実際に存在するのだ、と私は思いました。

しかし、実際には、私はS子に対してどんな行動も取れませんでした。正直に言って、私はS子との結婚を望まなかったわけではありません。私も彼女を愛しており、二人の間で魂の結婚が起こった以上、この世でも結婚するのが当然ではなかろうかというのは、とても魅力的な考えでした。ただ、そのためには、妻と離婚するか、二人で駆け落ちをするか、隠れて不倫の愛に走るしか方法がありませんが、そのどれも私にはできませんでした。

私と妻とは、職場での恋愛結婚でした。私が結婚したのは、スブドの存在を知って、「危険だから中止せよ」という谷口師の指示を無視してラティハンを続けていた時期です。そして、私が最終的に妻との結婚を決めたのは、私が谷口師の意向に逆らってスブドの道を歩んでも、この娘なら私についてきてくれるだろうと思ったからでした。

事実、妻は結婚に先だってラティハンを始め、私が結核で倒れて困ったときも、教文社への復職を断わって生活のあてがなくなったときも、何一つ不平を言わずについてきてくれました。私と妻とは、ごく一般的な夫婦と同じように、時には口争いをし、時には違和感を覚えることもありましたが、大きな問題に発展することはなく、妻は私を信頼してくれていました。私は、そんな妻を裏切ったり離婚したりすることはできませんでした。

さらに、新しく発足したばかりの日本スブドの会員たちに対する責任と影響を考えると、理由はどうであれ、社会的に批判される行為に走ることはできなかったのです。

私は神の導きを期待していました。自分が何も分からないために、S子に何も説明できず、どんな行動も取れないでいました。私は、ラティハンを通して今後の展望が与えられ、自分が何をなすべきかが示されることを望んでいました。ラティハンによって始まった事態なのだから、ラティハンによって理由が示され、指示が与えられるはずだと思いました。しかし、いくら待っても指示は与えられませんでした。

私はテストをしました。テストというのは、ラティハンの一種です。ラティハンでは、自分からは何も求めず、何も期待せず、ただ神にすべてを委ねるのに対して、テストでは、自分では判断のつかない問題を質問の形で神に問いかけてから、ラティハンに入ります。それと同時に、自分の願いも、質問した問題も心から消して、神に全託しなければなりません（そのため、テストはある程度ラティハン経験を積んだ後でないとできません）。

質問の後、純粋にラティハン状態に入って神にすべてを委ねることができれば、質問に対する答えとして神の導きが与えられる可能性があります。その導き、つまり答えをどのような形で受けるかは、人により、またラティハンの状態によって異なります。身体の動きとして受ける場合も多く、最初はその方が一般的ですが、内的な感じや理解として受けることができる場合もあります。

私は、心を静めて真剣に神に問いかけました。

「なぜこういうことが起こったのですか？　S子と私は今後どうなるのですか？　私はいったいどうすればよいのですか？」

すると、間髪を入れずにテストの答えが言葉として口を突いて出てきました。当時、私はそのような形で答えを受けたのです。

「S子のことは神の手のなかにある。お前はまだ神の意志を知ることはできない」

全く予想外の答えでした。この問題に神の意志がかかわっていることが確かめられたのは、いささか慰めになりましたが、基本的には、私の問いへの答えは拒否されていました。それまでのテストでは決してなかったことでした。私は相変わらず一歩も前に進めない、中ぶらりんな状態におかれました。

しかし、この状態が何カ月も続いたとき、S子の態度に変化が起こりました。理性と感情との葛藤が彼女の心のなかで始まったのです。いったんは思いつめて、身を任せてもよいとまでほのめかしたのに、どんな積極的な反応も示さず、あいまいな態度に終始している私との関係を見直しはじめたのです。

もともと私への思いは、社会的にも道徳的にも許されないものでした。いまでは時代も変わりましたが、当時はそういう倫理観が強い拘束力を持っていました。私がいつまでも煮え切らず、将来について何らの展望も持てない状態が続いたとき、彼女のなかで葛藤が始まりました。最終的に彼女が選択したのは、理性が命じるところにしたがって私への恋を終わらせることでした。

彼女は私を避けはじめました。意志の力によって自分の内部にある私への愛を抑えつけ、消し去ろうとしました。彼女は強い意志力を持っていました。しかし、その強い意志力をもってしても、自分のなかの愛を抑え込むことは至難のわざでした。それは当然でした。彼女は知らなかったとはいえ、その愛は魂と魂との結びつきから生まれたものだったからです。

それが、私にとっては苦しみの始まりでした。感情を共有していたために、彼女の意志と感情との葛藤がもろに私に跳ね返ってきたからです。

私は激しく揺れ動く感情を味わい、それが私自身の内面におよぼす影響をつぶさに経験することになりました。ラティハンを通して、すでに穏やかで安らかな内面生活に慣れかけていた私にとって、ひっきりなしに起伏の激しい感情の波に曝《さら》され、それを避ける手段がないことは、ひどい苦痛でした。そして、私への愛情を消し去ることができず、彼女がさらに意志の力を強めて感情を抑えつけようとしたとき、私にはそれが破壊的な影響をもたらしました。

意志は感情とは異なります。S子との関係において、彼女の感情は私のなかでやはり感情として経験されましたが、自分の感情を抑えつけようとする彼女の意志の圧力を、私は身体的な圧迫感として経験しました。首から胸にかけて、私は万力で締めつけられるような感じを受けました。息もできないようになって、駅のプラットフォームに突っ立ったまま、何分も動けなくなったこともありました。私にはそれを逃れる手段がありませんでした。それは地獄のような苦しみでした。

私はその苦しみから逃れたいと思って、彼女の私への愛には、私たちには分からないが神のご意志がかかわっており、私を愛するのは罪ではないこと、自分の意志の力でその愛を消し去ることは不可能であることを彼女に伝えたいと思いました。しかし彼女は、私と話すことによって私への愛がふたたび燃え上がることを恐れて、徹底的に私を避け、一切言葉を交わそうとはしませんでした。

私はとうとう耐えられなくなりました。私は神に対して、S子との魂の結びつきを断ち切ってくださいと祈りました。しかし何度祈っても無駄でした。ラティハンを通して彼女との関係を断とうとしても無駄でした。ラティハン中は、彼女との結びつきが薄れたような感じがしましたが、ラティハンが終わるとすぐもとに戻りました。私はどこにも出口のない、不可能という壁で四方を囲まれているような気がしました。

そんなある日、ついに転機がおとずれました。私はそのとき、なぜか鏡の前に座っていました。するとふと、それまでにない考えが脳裡に浮かびました。

「私とS子の魂は、もう一つになっていて、どんなに切り離してくださいと神にお願いしても、叶えられない。とすれば、私にできることは一つしかない。私は自分の魂を、それと結びついているS子の魂ともども、そっくり神に引き渡してしまおう」

それは、私にとっては究極の全托でした。私はいまも、そのとき奇妙な感じにおそわれたことを憶えています。自分はこれまで、魂の向上のためにラティハンをしてきた。しかし、魂を神に渡してしまえば、私の魂がこれからどうなろうと、私とは無関係になってしまう。それでもなお私はラティハンをするだろうか、もしするとすれば、何のためにするだろうか、と思ったのです。

神への礼拝という、それに対する答えを見つけたのは少し後のことですが、しかしこれが事件の終わりの始まりでした。まるで止まっていた時間が急に動き出したように、にわかに事態が流動化し、めまぐるしく動きはじめました。

まず、それまで二年間、S子の存在に全く気づかなかった妻が――それも私には不思議と言えば不思議でしたが――急に気がついて、私に問いただしました。

私はラティハンで起こった出来事を説明しましたが、もちろん妻にとってはあまりにも突拍子もない話で、信じることができませんでした。妻は、私の友人の一人に相談しようとして、外出の身支度を始めました。詳しいことは省きますが、妻が相談に行こうと選んだ相手は、私からすれば最悪の選択でした。というのは、その友人はかねてから妻に対して下心があって、機会があれば私との仲を割きたいと思っていたからです。しかし、私は妻にそのことが言えませんでした。今この場になってそんなことを言っても、まともに信じてはくれない可能性が大きいし、いずれにせよ、すべての原因は間違いなく私にあったからです。

しかし妻は着替えを済ませ、外出用のソックスを履いた後で、突然それを中止しました。それに続く数日間に起こったことは、私にはうまく説明できません。私は不思議な感じに包まれていました。あたかも、はるか雲の上で眼には見えないドラマが行われており、私はその観客になっているかのような気分でした。観客といっても、私は実際にそれを見ることもドラマの進行に関与することもできないのですが、それが私と関係があり、その結果がおそらくこの世に反映されるであろうことが分かっていました。誇張を恐れずに言えば、天使たちの力と悪魔たちの力が雲の上で戦っていて、私はそれを下界で感じている、といった気分でした。

その天空のドラマは、毎日少しずつ進行してゆき、数日たってそれが終幕に近づいたと思ったとき、妻の態度に変化が起こりました。無条件にではありませんが、私とS子との間で起こっていることを基本的に受け入れると私に告げたのです。

その日から三日間、私は内部からの促しによって、毎夜夫婦の交わりを結びました。それは欲望にかられてではなく、ラティハンにおいてと同じような静かな交わりでした。

三日目の夜、私は妻との交わりのなかで別次元に移されたような光景の中にいました。澄み切った大気のなかに、夜明け前の光景が深々と広がっていました。眼の前にはまだ暗い平野がどこまでも広がっており、はるか彼方の地平に山々が連なって、夜明けが間近なことを示すように稜線だけが青く輝いています。すべてが厳《おごそ》かな、天上的な静けさに満たされていました。

翌朝、妻と顔を合わせたとき、私は妻の感じがまるで変わっていて、内からの光の輝きが顔のあたりにこぼれ出ているように見えるので驚きました。一夜のうちに別人になったような感じでした。輝きがあふれているように見えたのはしばらくの間だけでしたが、妻が変わったという感じは、その場だけの印象ではありませんでした。妻のなかで、何か本質的な変化が起こったことは明らかでした。私がときおり感じていた妻に対する違和感は、その後全くなくなりました。口争いもしなくなり、より調和した夫婦になったのです。

妻の変化とともに、私自身の上にも変化が起きていました。それは、私の女性一般に対する態度でした。それまでは、魅力的な女性に会うと、その女性の注意を引きたいとか、近づきになれないだろうかという思いが起こるのを止めることができませんでした。男性であれば誰でもそうだと言われていることなので、それを気にもしていませんでしたが、妻の変化以来、そんな気持ちが起きなくなってしまったのです。美しい女性を見れば美しいと思いますが、それ以上に心が動くことが自然になくなってしまったのです。そのような状態があり得るとは思っていなかっただけに、私には驚きでした。

さらに思いがけないことに、これを境に、あれほど強かったS子との感情の結びつきが急速に弱まってゆきました。S子は相変わらず私と話すのを避け続けましたが、彼女との感情の共有のために苦しむことがなくなっていました。問題が解決したのです（S子はしばらく独身を続けましたが、数年後には結婚し、男の子にも恵まれました）。

その後、S子との間で経験した感情に対する感受性は、やや薄められた形で、より一般的に誰に対しても感じる感受性として残りました。そして、自分に向けられた強い感情は直ちに感じることができるという性質は、私のその後の人生で、人間関係を円滑に保つために大いに役立ちました。

問題が解決して事件を振り返ったとき、私は世界中の富という富を積まれても、あのような経験はもう二度と繰り返したくないと思いました。それほど苦しかったのです。しかし同時に、世界中の富をやると言われても、あの経験をする前の私には戻りたくないと思いました。私があの経験で得たものは、それほど大きかったのです。

それは、試練と恩寵がないまぜになった体験でした。しかし、二年もの間、一歩誤れば奈落の底に落ちるような緊張の日々の連続で、私にそれが乗り越えられたのは幸運であったためとしか思えませんでした。たとえ浄化のためだとしても、ラティハンをすることでもしあんな苦しい経験をさせられる可能性があるのなら、他人にスブドを薦めることなどできないと思いました。実際、私は何年もそう思っていました。

私がその考えから抜け出したのは、神は一人ひとりの条件に応じて導かれるのであり、その人がどんな経験をし、どんな道を歩くのかは、私が心配をする必要はないと真に納得できてからでした。

ただし、問題は解決したといっても、この事件にはたくさんの謎が残っていました。私とS子はなぜ魂が結びついたのか。なぜテストであんな答えが返ってきたのか。強かった魂のきずながなぜ切れて、なぜ問題が解決したのか。なぜ妻が一晩で変わったのか。分からないことだらけでした。

これらの疑問に答えが与えられたのは、二年ほどして、私が初めてインドネシアを訪れたときのことです。

当時、ジャカルタ郊外のチランダではスブド国際センターを建設中で、ラティハン会場やゲストハウスに続いて、ババの家が建てられている最中でした。日本スブドは、当時米国にあったスブド国際事務局の依頼を受けて建築資材を買いつけ、インドネシアに送っていたので、私はもう一人の会員と一緒に建設状況を見に行きました。もちろん、ババに会うのも目的の一つでした。

行ってみると、ババはゲストハウスの二階で仮住まいをされており、私たちは一階の部屋に泊まることになりました。わずか五日間というあわただしい日程でしたが、私は毎日のようにババの顔を見、古くからの会員たちと話をして、充実した時を過ごしました。

帰国する前日の夜、私たちはゲストハウスのベランダでババに別れの挨拶をしました。しばらく雑談した後で、ババは私に何か質問はないかとたずねました。私は特に質問を考えていたのではありませんでしたが、よい機会だと思ってババに三つの質問をしました。その最後の質問があの体験の意味でした。

枝葉の部分は省きましたが、それでも話はかなり長くなりました。ババの秘書のウスマンが、私の英語をインドネシア語に通訳しました。ババはじっと聞いておられましたが、私の話が終わると、「その娘はスブド会員か？」とたずねられました。私がそうではありませんと答えると、ババはちょっと天を仰ぐようなしぐさをされてから、次のように言われました。

「その娘は、霊的な領域においては、実はあなたの本当の妻であった。けれども、あなたはこの世においてすでに法的に結婚していた。だが、あなたが忍耐して神にすべてを委ねたので、神はご慈悲によって（ババはここで両手を大きく交差させるジェスチャーをしました）、二人の魂を入れ替えたのだ」

この短い説明で、私のなかでバラバラだった過去のさまざまな出来事の断片が一瞬のうちに繋がって、ジグゾーパズルのように一枚の完全な絵になりました。私はすべてを理解することができました。確かに、それがこの事件の本質であり、それ以外ではあり得ませんでした。私の横でウスマンが、「神は不可能を可能にする」とつぶやきました。

ババは、「あなたと奥さんは、今後もっと調和した夫婦になるだろう」と言い、さらに、「霊的な領域とこの世界とは、はっきり区別しなければならない。霊的な領域で起こることを、この世のことと混同してはならない」と言われました。これは、私にとって貴重なアドバイスになりました。私はさまざまな理由で幸運にも混同から免れたのですが、スピリチュアルな性質の経験をそのまま性急にこの世の中に持ち込んで行動しようとするのは、スピリチュアルな道を歩もうとする多くの人が陥りやすい危険であり、そこから誤解や他の人たちを巻き込んでの混乱が生まれることが少なくありません。

この点については、少し説明が必要でしょう。

私の考えでは、人間はいわば二つの領域にまたがって生きることができます。霊的な領域と地上の領域です。しかし、「魂が目覚めて活動している人は」という但し書きをつけなければなりません。魂がまだ眠っている場合には、その人の生活は地上の物質世界に限られます。物質が支配するこの世には、この世としての条件や法則があり、人間の生活を含めて、地上で起こる何事もそれらの条件による制限を受けます。

人間は、五官という感覚と、心が持つ思考力、想像力、推理力によって、この世の条件を研究し、その法則を理解し、自分のために使うことができます。現在私たちが持つ科学的知識はその成果です。しかし、物質世界を超えた霊的領域はこの世とは異なった条件で支配されており、人間の五官も頭脳も、それを知るためには全く無力です。私たちに死後の生活をうかがい知ることができないのは、そのためです。私たちがスピリチュアルな体験を通して手に入れることのできる知識はしょせん断片的なものに過ぎませんが、霊的な領域と地上の領域をまたがって生きはじめた人間は、この二つの異なった領域の間に存在する相関関係を感得することができるでしょう。

ただし、注意しなければならないのは、霊的な世界で起こったことがすべてそのままこの世に反映されたり具象化するのではないということです。霊的世界での真実やその世界で起こったことは、直ちにこの世界の現実として現れるとはかぎらず、時間がかかることや、現れても別な形をとることもあり、全く現れないで終わることもあり得ます。

たとえば、ある人の魂の成長は、確かにその人の人生に変化と影響を与えますが、この世界でのそれは他人の眼には見えない人格上の変化として反映されるだけでしょう。私の体験の場合でいえば、S子との魂の結婚をラティハン中に目撃し経験していても、それは霊的領域で起こったことで、この世で無理なく実現するための条件を欠いていました。

私があのとき、霊的な結婚をこの世でも実現させたいがためにS子と結婚しようとしていれば、少なくとも自分自身を傷つけ、妻や子供を傷つけ、S子をも傷つけることは避けられなかったでしょう。しかし、私がそうしなかったために、神はお慈悲によって二人の魂を入れ替えるという、神のみにしかできない方法で不可能を可能にし、霊的な領域での出来事をこの世に反映させてくださったのです。ババの助言は、こうした事情を踏まえてのことでした。

話が終わった後で、私は立ち上がってババと別れの握手をしました。ババの手を握ったとき、突然バイブレーションがシャワーのように私に降り注ぎました。私は、バイブレーションのあまりの強さに、握手の間中、眼をあけていられませんでした。

そのバイブレーションは、私がラティハンで感じるバイブレーションとは質的に異なっていました。ラティハンで私が受けるバイブレーションは、あえて言葉で表現すると、蒸留水のように無色透明な感じですが、そのとき全身に浸透したババからのバイブレーションは、天国から降ってきたとしか思われない至福感に満ちていました。それは、私が体験したことに対して、ババが下さった特別な祝福だったのだろうと思います。なぜなら、私はそれ以後二度とそのようなバイブレーションを経験したことがないからです。

私は、生身《なまみ》のババとは別に、霊的なババはいつも天国におられると、あるインドネシア人会員から聞いたことがありました。私はそれまで、それはババを尊敬するあまりの単なる空想か、もしくは個人的な仮説として聞き流していました。しかし、そのとき以来、もしかすると事実かもしれないと考えるようになりました。どうしてそんなことが可能になるのか分かりませんが、そう考えないと理解できないほど、そのとき受けたバイブレーションは天国の甘美さに満ちていたのです。

いま振り返ると、それは私がババの霊的な偉大さを本当に実感した最初でした。私の全身に浸みとおり、私を一杯にした幸福感と高揚感は翌日になっても続いており、帰りの長時間のフライトの間も全く疲れを感じませんでした。

光の柱

嵐のような体験の後、私は平穏で落ちついたな日々に恵まれました。ラティハンに対する私の態度は変わりました。自分の魂まで神に渡そうと決心したために、私はラティハンを自分の利益を目的として行うのではなく、たとえ結果的には自分のためになるにせよ、神を礼拝するために行うという、スブド本来の趣旨により近い態度で臨むことができるようになりました。

それが一つの準備になったのでしょうか。それから数年の間に、私はいくつかの体験に恵まれました。その一つは、ラティハンの本質を明白に知るような体験でした。

スブドのオープンを受ける人はみな、ラティハンが神の力との直接的な接触であり、それによって眠っていた魂が目覚め成長すると説明されます。そして、スブドという名称は、真に人間的な行動とふるまいを表すスシラ（Susila）、人間および万物の内奥にやどる神的な力を表すブディ（Budhi）、神に対する信頼と全托を表すダルマ（Dharma）の三語の略語であり、ラティハンは、それら三つの特性を身につけた完全な人間をめざす魂の旅を提供し、死後、魂が地球世界よりはるかに高い天の故郷（真の人間世界）に帰れるように私たちを導いてくれると説明されます。

会員はこの説明を受け入れてオープンを受けるのですが、最初のうちは、説明された内容と実際の自分のラティハンとを結び付けることは必ずしも容易ではありません。説明を聞いて理解したことは、まだ頭のなかの観念にすぎず、体験ではありません。したがって、会員たちはそれぞれがその後の自分のラティハンを通して、ラティハンとは何かを徐々に感じ取ってゆくことになります。そしてそれを通じて、自分にとってラティハンとは何かという問いに対し、一人ひとりが自分で答えを出すことになります。

長くラティハンを続けた会員は、ラティハンが何であるかが本当に分かったら、ラティハンをやめることなどできなくなると言いますが、しかしその境地になるまでには一〇年も二〇年もかかることが珍しくありません。そしてそうなるまでは、スブドの極めて高い目標と現実の自分のラティハンの内容がうまく結びつかないと感じることはまれではありません。ですから、もし比較的早いうちに、ラティハンの力や、ラティハンが自分の内面におよぼしている価値ある変化を実感する体験に恵まれたとすれば、その人は幸運だと言えるでしょう。その意味で、私は幸運だったと思います。これからお話しする体験は、ラティハンとは何かという問いに完全に答えるものだったからです。

当時私たちは、都内のある男子高校の体育館を借りてラティハンをしていました。柔剣道場をかねた広い体育館でしたが、かなり手入れが悪く、空手部の生徒に割られた板壁が何枚もそのまま放置されていましたし、入り口の扉の一つは、蝶つがいがはずれて立てかけただけになっており、冬には寒風が隙間から吹き込んできました。私たちは、だだっ広い体育館に一つ二つ電燈をつけただけで、冬は外套を着たままでラティハンをしていました。

そんなある晩、私は数人の会員たちと一緒に薄暗いなかでラティハンを始めましたが、しばらくすると、体育館の向かいの壁と私との間に、巨大な白い壁が出現しているのに気がつきました。幅は多分一〇メートル以上もあり、よく見ると、その白壁の上の方は体育館の天井を突き抜け、下の方は床を突き抜けて見えなくなっていました。そして床と接しているあたりは、白く泡立っているように見えました。

私は、それがふつうの壁ではなく、光の壁であることに気がつきました。その意味が分からないままに、巨大な光の壁を見ながらラティハンを続けていましたが、ふと、私が見ているのは神の足だという考えが閃《ひらめ》きました。そして畏怖の念で満たされました。

神に足があるなどというのは、ふだんの私なら考えもしないし、お伽話《とぎばなし》か神を擬人化する幼稚な考えだと一笑に付したことでしょう。しかし、なぜかそのとき、ラティハンのなかで突然出現した巨大な光の壁、というより光の柱を見ながら、いま目の前にあるのは地上に伸ばされた神の足だと思ったのです。

私は、かなり長い間それを眺めながらラティハンをしていたような気がしますが、実際にどれだけ続いたかは分かりません。光の柱はそのうち徐々に薄れはじめ、それに遮られて見えなかった向こう側の体育館の板壁が透けて見えてきて、光の柱はやがて消えてしまいました。

ラティハンが終わった後でも、私はこの体験が何を意味するのか全く分かりませんでした。私は、分からないものはそれ以上考えず、自然に分かるときがくるまで待つというラティハンの原則にしたがって、結論を急がずに放っておくことにしました。

しかし、この体験には続きがありました。次のラティハンのとき、私は同じように体育会でラティハンを始めましたが、しばらくすると、今度は自分が何かに囲まれているような気がしました。かまわずラティハンを続けていると、その感じが次第にはっきりして、私は筒のようなものの内部にいることが分かりました。筒の直径は三、四メートルで、私がラティハンをするのに充分な広さがあり、透明で、外が透けて見えました。その筒は私の上に伸びており、私は円筒のなかでラティハンをしているようでした。

私は、それがどこまで続いているかを知るために、上を見上げました。驚いたことに、円筒は垂直にどこまでも伸びていて、私の上からはるか宇宙の果てまで真直ぐに続いていました。私はその円筒の底のところに立って、無限と言ってもよいような距離を見上げているのでした。眼をこらすと、無限の彼方の先端かと思われるところに、かすかに栄光に満ちた神の座のようなものがあるのを感じました。

それは、実に不思議な眺めでした。私は円筒の内部にいて、円筒は無限の高さまで続いており、その無限の距離のほとんど先端まで下から見通すことができるのです。ふつうでは決してあり得ないことでした。私は、その円筒が光でできているのに気がつきました。円筒というのは、実は光の柱でした。しかし、光であるにもかかわらず、円筒の内側は真っ暗な闇でした。

私は、円筒のまわりの外を見ました。透明な円筒の外側は、真っ暗闇な内部と違って、ほのかな明るさがありました。見ると、それは大気中を浮遊する小さなゴミやホコリによって光が散乱しているための明るさのようでした。私は、円筒の内部が真っ暗なのは、光があまりにも純粋で、光を反射するいかなる不純物も存在していないからだと思いました。そのために無限の彼方までも見ることができるのだろう、と。

そうであれば、円筒形の光の柱の意味もおのずと明らかでした。それは、至高の神と人とを繋ぐ架け橋、人間が神のもとに至るために、神から地上に降ろされた光の通路でした。そして、それこそがラティハンの真の姿だったのです。

私がラティハンを続けながら、その光の通路を観察していて分かったのは、その通路の途中にはどこにも障害物がなく、無限の距離を一直線に神まで直接続いていること、そして私自身は通路の底の出発点にいるということでした。正直に言って、私はちょっと残念な気がしました。もう何年もラティハンをしてきたのだから、せめて数メートルは上にあがっていてもおかしくないと思ったからです。しかし、気が遠くなるような距離の通路を見ていると、そんな思いはすぐかき消えました。

私にとって大切なことは、神へと続く光の通路を歩きはじめているということでした。無限の彼方まで続く光の通路を見ていると、自分がどこまで進んだかなどということは、問題とするに足りない些事でした。たとえどれだけ進んだとしても、神はさらにその無限の先におられることでしょう。とすれば、もうどれだけ歩いたかではなく、神への道をいま正しく、そこから逸《そ》れることなく歩いているかどうかが何よりも重大な関心事であるはずです。それを、理屈ではなく体験によって実感したことが、私にはとても貴重でした。

実際、この体験以降、私は霊的に高いとか低いといった話題には全く興味を失いました。そんなことはドングリの背比べにすぎません。過去も現在も未来も含めた永遠のスケールのなかで、そんなことを誇ったり逆にがっかりしたりしても、何の足しになるでしょう。

先ほども言いましたが、光の円筒を見ていてもう一つ気づいたのは、まっすぐに伸びた通路には、どんな歪みも曲がりも見られず、どんな障害物も途中に存在しないことでした。これは、私たちが魂の旅路で出会う困難や試練は、神が意図的に置かれたのではなく、私たち自身がつくりだしているに過ぎないことを象徴しているように思われました。神への通路を歩くことは、私たち自身を純化してゆく旅を歩くことです。その過程は、私が身をもって経験したように、つねに平坦であるとは限りません。しかし、それらの困難は、自分の内部に蓄積されてきた汚れや不純物が原因です。それも、単に私たち自身がつくりだしただけではなく、私たちの両親、祖父母、そしてさらに遡った祖先から受け継いできたものが蓄積された欠陥です。私たちが乗り越えなければならない試練や困難は、その欠陥を是正し、不純物をこそげ取るために経験せざるを得ない痛みであり苦しみであることを、この光の円筒は暗示しているような気がしました。

私のまわりの光の柱は、やがて次第に薄れ、消え去り、ラティハンも終わりになりました。ラティハンが終わって初めて、私は前回のラティハン中に現れた光の壁と、今回の光の通路は同じものであり、前回はそれを外側から眺め、今回はそれを中から見たのだということが分かりました。自分が神へと続く光の通路の底辺のところにいるという事実を、外から見ていた前回のラティハンでは、象徴的に神の足を見ているとして感じたのだと思います。

この体験は、ラティハンというスピリチュアル・トレーニングが持っている特質を開示してくれたのと同時に、これまで聖書や古い伝承のなかで言われてきた、天国への階段とか、天からの梯子《はしご》というものが、単なる比喩やつくり話ではないことを示していました。それは、霊的な意味では実際に存在している——これが体験を通して私の理解したことでした。もちろん、私は自分の言うことが正しいとか、スブドのラティハンが神にいたる唯一の道であるなどと言うつもりはありません。これは私の個人的な見解であり、世界にはおそらく他にも多くの神への光の通路があって、それを私が知らないだけでしょう。

ただ、スブドでは、神に通ずる光の通路が努力と精進に対する報いとして与えられるのではなく、それを求めるかぎり、そして神に自分を委ねる気持ちを持つかぎり、誰にでも開かれるところに特徴があります。

ただし、神への通路が開かれるということが、一足飛びに目的地に到達できることではありません。ラティハンによる浄化のプロセスを経験しながら、自分の前に開かれる魂の旅を一歩一歩歩んでゆく必要があります。それをどう歩むかは、一人ひとりが自分で決めなければなりません。

至高の目的

私たちは誰でも、人生の一時期に、自分の存在理由を問うという経験をしたことがあるのではないかと思います。自分はいったい何のためにこの世に生まれ、何のために存在しているのかという問いです。この疑問は思春期に意識されることが多いのですが、ほとんどの場合、答えが得られないままに社会の荒海に乗り出し、多忙な生活のなかで忘れ去ってしまいます。しかし、少数ながら、その問いを自分の内部に生涯持ち続ける人もいないわけではありません。
私が若いときに好きだった詩人にリルケという人がいますが、彼の代表作の一つである「ドゥイノの悲歌」という長篇連作詩のなかに、こういう問いかけで始まる詩があります。

現世の時をすごすためならば
すべての葉の端々に（風の微笑のような）さざなみをたてながら
月桂樹として立っていることもできるのに――なぜ
人間の生を生きなければならないのか。

（第九の悲歌・富士川英郎訳）

実を言うと、「ドゥイノの悲歌」は私には難しすぎて意味がよく分からなかったのですが、この一節はなぜか心に染みて記憶に残っています。おそらくこの問いかけは、多分に厭世的だった当時の私自身の心の問いそのものだったからでしょう。私が神の探究を始めた原因は最初に述べた体験ですが、こういうことも背景の一つになっているかもしれません。

前章で述べた経験から約一年たった一九六三年に、私はこの問いに関する決定的な体験をしました。

人生には、まれではあっても、一瞬の出来事で運命が大きく変わることがありますが、これから述べる体験も、同じように一瞬の出来事でした。しかし、それが私の人生の方向を文字どおり決定したという点で、人生最大の事件と言うことができます。

それは、何の変哲もない夏の朝で、私はいつもどおり勤務先の机に向かって仕事を始めていました。一〇時を過ぎて、仕事が一区切りついたので、私は手を休めてタバコを一服吸いました。

さて次の仕事にかかろうとしたときでした。何の予兆も予感もなく、突然、眼には見えない空間から一本の矢が飛来してきました。それは私の右胸に突き刺さり、心臓を貫いて左胸を突き抜け、虚空のどこかに飛び去ってゆきました。一瞬の出来事でした。私の心臓に鋭い痛みが走り、霊の矢に貫かれた心臓の傷口からは、血の代わりに天上的な甘美さに満ちた液体のようなものがしたたり落ちて、全身に浸みとおってゆきました。

ほとんど同時に、私の意識一杯に直感的な開示がパッと広がりました。これまた一瞬のことでした。その開示は、私の魂の永遠の目的を明らかにしていました。

私には日記をつける習慣がありません。しかし、私に示されたことは、あまりにも思いがけない内容だったので、私はそれを英語のメモにして書きとめていました（英語にしたのは、内容があまりにも現実離れしていたので、誰かに見られても分からないようにするためでした）。メモは一見詩のような形をとっていましたが、それは私が受けた衝撃と感動を表していました。それを日本語にすると次のようになります。

「私はいまやっと気がついた、実は私がそもそもの最初から、私の魂の永遠の目的を探し求めていたことを――。

それは、この世でも、死んだ後でも変わらない魂の目的――神がいつか私の存在を無化されるまでは、永遠に変わることなく続く目的である。

私はいまそれを悟った。それは、神の小さき、いと小さき僕《しもべ》になることである」

それまでの私には、神の僕というような考えは、一度も頭に浮かんだことがありませんでした。私の理解では、神の僕というのはキリスト教と結びついた観念で、司祭や牧師や修道士が関心を持つことであり、自分と結びつくとは思っていなかったからです。

さらに、開示のされ方も異常でした。霊の矢で心臓を射抜かれるなどとは、実際にあり得ることとは思われません。霊の矢と言われて思い出すのは、射られると恋に落ちるというギリシャ神話のキューピットの愛の矢ぐらいで、それはあくまで神話上のお話にすぎません。しかし私はそのとき、それが架空のお伽話ではなく、霊的に存在し得る現実であることを知ったわけです。私が経験したことが妄想や単なる白昼夢ではないことは、それが仕事場という日常のただなかで起こったというだけではなく、私が感じている心臓の痛みや、私の全身を満たした甘美感からも明らかでした。

後になってから、一六世紀のアビラの聖女テレサも、霊の矢に心臓を射抜かれて、深い恍惚状態に入った経験を述べていることを知りましたが、当時はそのことを知りませんでした。聖女と私の経験を比べるつもりは少しもありませんが、そういう経験があり得ることを知ったのです。

体験に圧倒されて、私はしばらく呆然としていましたが、胸の痛みはやがてなくなり、至福感だけが全身に残りました。それはその日一日中続き、翌朝になってもかすかな余韻となって残っていました。

この開示は、私に量りしれないほどの影響をおよぼしました。私は疑うことのできない確信をもって、私の魂の目的、すなわち私の存在理由を知らされたのです。神の僕という、なじみの薄かった観念が、それ以後私の人生の目的になり、どうすれば神の僕になれるのかが、私にとって最大の課題になりました。なぜなら、私は魂の永遠の目的を教えられましたが、その目標を達成するためにはどうすればよいかをこの体験では示されなかったからです。

そのとき私にはっきり分かっていたことは、神の僕になるためには、自分は神の僕であると言ったり思ったりするだけではだめだということだけでした。また、人は自分では気づかないうちに、神の目的のために道具として使われることがあり得ますが、神の僕とはそういうことではないはずです。神の僕になるには、神ご自身がそれを認めてくださらなければならず、神が認めてくださるには、神のご意志や命令を、つねに必ずとは言わないまでも、ほとんどの場合に正しく受け取って実行することができる状態になっていなければなりません。

いま振り返ると、私はそれがどんなに困難な、不可能に近い条件であるか、全く気づいていませんでした。神の僕になるというのは、おそらく人間が追求し得る最高の目標です。私はそれを安易に考えていたわけではありませんが、それでも秘かに、神から次のしるしが与えられることを望んでいました。神の僕という目標を教えられたからには、そのために必要な次の一歩が示されるのではないかと思ったのです。

しかしながら、私は延々と待ち続けることになります。三〇年後になって初めて、私はその目標と関係がある一つの経験をしますが、それについては後で述べることにします。

ついでながら、私はメモのなかで単に神の僕になることが目的だとは言わずに、小さき、いと小さき僕と、小さいという言葉を二度も重ねて強調しています。これは、私のそのときの実感を示しています。体験のなかで私は、自分が神の前ではいかに小さな存在であるか、そしてそれは今後どれだけたっても変わることがないという事実を、痛いほど感じたからです。

この実感は貴重でした。それによって私は、その後の生活で思い上がりがある程度抑えられたばかりではなく、自分が神の前では卑小で無にも等しいという感じは、人間が至高の存在の一端にふれたときには必ず知る感情であることを知ったからです。

それは、人間の神についての体験において、真実の体験であるかどうかを知るリトマス試験紙になり得るものです。もしその感情を欠いていれば、その人の体験は、それがどんなにすばらしく見えても、神の存在にふれた真の体験ではないと思っても間違いないでしょう。

何カ月か後に知ったことですが、この体験があった七月九日の朝は、米国のニューヨークでは時差の関係で七月八日の夕方で、その日ニューヨーク近郊のブリアクリフでは第二回スブド世界大会が開かれていました。私は自分が参加しなかったので、全くそれを知らないでいました。

後になって、七月八日にはバパが大会最初のトークをされ、そのなかでヘルパーとはバパのヘルパーを意味すると言われたという話が伝わってきました。もしバパが通常のように夜の八時からトークをされたとすると、時差の関係で、私の体験は、距離は離れていてもパパのトーク中に起こったことになります。偶然の一致と言えばそれまでの話ですが、私の体験が何の前後関係もなく突然起こっただけに、時間の一致に何か意味があるような感じを受けました。私が、世界大会にぜひ参加したいと思うようになったのはそれからです。

第二部　さまざまな体験

ババの霊性

これから述べるのは、ラティハンを始めてから一〇年後の一九六四年から六七年にかけてのババに関する三つの体験です。ババは一九八七年にこの世を去りましたが、ババの死後、身近にババと接した多くの会員がババについての思い出や経験を語りはじめました。私にもババについての思い出があり、私のスブド人生は、ある意味でババを中心にして回っていたとさえ言えるかもしれません。

しかし、ここでお話しするのは、この世でのババの思い出ではなく、霊的なババ、つまり肉体の背後にあるスピリチュアルな実体としてのババについての体験です。

一　内在のババ

ラティハンという類稀《たぐいまれ》な方法を伝えられた初期のスブド会員にとって、ババとはいったい何者であるかということは好奇心をそそる問題でもあり、過去の預言者の生まれ変わりではないかというような憶測もなされました。

しかし、ババは一貫して、ババは単にババであり、ラティハンという神からの賜物を人々に伝えるために最初に与えられたふつうの人間にすぎないという立場を崩しませんでした。それでも、ババと身近に接した私たちにとって、ババが単なるふつうの人間ではないことは明らかでした。

ババがそういう態度をとったのは、スブドのラティハンを受けて実行するためには、ババとは何者かということを知る必要がないし、実際知らない方がかえってよいと思われたからだと思います。私の想像ですが、ババはある人にとって、それを知ることが必要になるか、知るべき時が来たとすれば、その人はいずれにしても自分の経験を通して自分でそれを知るようになるだろうと考えておられたのだと思います。もしババがご自分について自ら何らかの主張をすれば、人々にとってはそれを信じるかどうかが問題になるでしょうが、人々が自分の体験を通して自然に知るのであれば、知る人自身はともかく、それ以外の人が主張を信じる必要はありません。そうすれば、ラティハンの本筋とはかかわりのない無用な問題が起こることもないでしょう。

また、そこには個人崇拝を防ぐという意味合いもありました。ババは、スブドの初期に、ババの写真をラティハン会場に持ち込まないように指示したことがあります。それは、ラティハンにおいて、神の代わりにババに注意を向けるのを防ぐためでした。そして、霊的なババに関する私の最初の体験は、そのことに関連していました。

すでに述べたように、私が最初にババの偉大さを実感したのは、初めてインドネシアを訪問した一九六三年のことです。「究極の内的事件」で、私はそのときババに三つの質問をしたと書きましたが、その中でふれなかった質問の一つは、ババの写真に関連する疑問でした。当時、私たちはババの指示どおり、ラティハン会場にババの写真を飾っていませんでしたが、私は自分の寝室の壁に小さなババの写真を飾り、自宅で単独ラティハンをするとき、よくその部屋を使っていました。

その部屋で一人でラティハンをしているうち、ある時、妙なことに気がつきました。ラティハンは通常眼を閉じて行いますし、ラティハン中には自然に体が動いて歩き回ったりします。それでも、ラティハンによって「動かされて」歩いているかぎり、壁や物にぶつかることはめったにありません。そして、自分が部屋のどこで、どちらを向いて立っているかは、ラティハンが終わって眼をあけてみるまでは自分でも分かりません。

私が不審に思ったのは、その部屋でラティハンをし、終わって眼をあけると、偶然というにはあまりにもしばしば、自分が壁に飾ったババの写真の前で、写真と向かい合って立っていることでした。ラティハンでは、しばしば頭を下げてお辞儀するような姿勢で終わることがありますが、そういうとき、眼をあけてみると、ちょうどババの写真に向かってお辞儀しているように見えます。それはなぜなのか。これが私の最初の質問でした。

私の理解では、写真はあくまで写真であり、つきつめれば一枚の紙という物質にすぎません。ですから、いかに尊敬するババの写真であっても、それとラティハンとは関係がないはずです。それなのに、なぜ私は（自分の意図に反して）わざわざババの写真の前でラティハンを終わるのか。なぜ写真に頭をさげるような形をとるのか。それが私の疑問でした。

それに対して、ババは正面から答えようとせず、こう言われました。

「あなたは将来、ババを自分の内部に見いだすだろう。そうすれば、写真はもう必要がなくなる」

バパの言葉は、実際には私の質問に対する答えにはなっていません。私はちょっと気になりましたが、もっと大切な質問が後に控えていましたので、そのままにして次の質問に移りました。いま振り返ると、私の質問は、仏教やキリスト教で仏像やキリストの像を礼拝することの意味に通じるところがあります。しかしそのときの私は、あまり深く考えませんでした。バパから何か質問はあるかと言われて、とっさに思いついた最初の質問だったからです。私が本当に聞きたかったのは、「究極の内的事件」で述べた三つ目の質問でした。

ですから私は、「あなたは将来、バパを自分のなかに見いだすだろう」という言葉にも、あまり深い注意を払いませんでした。将来、バパをより身近な存在に感じるような、新しい経験が与えられるということかなと思っただけで、それがどういう経験なのかは想像もつかず、また将来というのだから少なくても数年くらいは先の話だろうと、記憶の隅にしまい込んで、帰国後は半分忘れかけていたのです。

ところが意外にも、バパの言葉が現実になったのは、帰国後わずか数カ月たらずの時でした。

　ある晩、そろそろ寝ようかと布団の上に横になったときです。突然、胸が内側から明るい光で照らされたように感じました。すると次の瞬間、私の胸の中を照らすまばゆい輝きのなかに、ババがおられるのが分かりました。「あなたの内部にババを見いだすだろう」とババが言われたのは、比喩でも象徴でもなく、文字どおりの真実だったのです。

　それはすばらしい感じでした。全く予想もできなかったことでしたが、私にとっては真実性に疑いを持つ余地のない体験でした。なぜなら、私は前にも一度、それと似たようなことを体験していたからです。

　それは、S子を私の内部に見いだしたときと基本的には同じ状態でした。それについて私は、内在するS子の存在がこの世の現実の一〇〇倍も強い現実感をもって感じられたと書きましたが、今度も全く同じでした。違うのは、私の胸の内部がもっとずっと輝かしい、栄光に満ちた光で包まれていたことだけでした。私は天国にいるような至福感に包まれました。

　私はこう思いました。

（私はいま生きながら天国の状態を味わっている。私はいま天国とこの世の両方で生きている。もしこの状態が今後ずっと続くとしたら、どんなにすばらしいことだろう）

もちろん、そんなことは起こりませんでした。三〇秒か一分たつと、輝きに包まれた私の内部のババは薄れ、消えてしまいました。

突然訪れ、来たときと同じように速やかに消え去った経験でしたが、私はこれによってババの霊性――ババの本性の一端を知らされました。肉体のババと違って、霊的なババは私の内部に存在し、私の内部に見いだすことのできる、そういう存在でした。そして、もし私の内部に存在するのであれば、他の人々の内部にも存在し、もし条件が整えばおそらく誰でも自分の内部に見いだすことができるであろう。私はそう思いました。

この体験が私に与えた直接の影響は、それ以後、ババの近くに住み、ババの身近で生活している人たちを羨ましく思う心から解放されたことです。たとえババとは遠く離れていても、霊的なババとは私の内部を通して繋がっていることを知ったのです。

二　遍在のババ

ババの霊性に関する二番目の体験は、その後一年ほどしてからで、きっかけになったのはある会員の行動でした。

スブドには、入会希望者にスブドの説明をし、新会員をオープンし、その後の相談相手になるヘルパーという役割の人たちがいます。

ヘルパーは先生ではありません。ヘルパーの役割の一つは、所属する支部のグループ・ラティハンに責任を持つことですが、ババが説明しているように、学校に喩えればヘルパーは教師ではなく、授業が円滑に行われるように教室や教材を準備する助手です。ラティハンでの先生は神であり、神の力による授業は生徒一人ひとりの条件に合わせた個人授業です。そこでは人間の先生は必要ないし、あったとすれば邪魔にしかなりません。もし人間の教師がいて、神の力が行う授業に傍からあれこれ口を出せば、授業の進行に役立つどころか、生徒の足を引っ張ることになるでしょう。

その問題は、私がある支部のグループ・ラティハンを担当した時に起こりました。支部会員の一人が、スブドの原則を無視して、他の会員たちに対して指導者のようにふるまい始めたのが発端でした。問題を複雑化させたのは、その会員が、インドネシアのスブド国際センターにある期間滞在して帰ってきてからそういう行動を始めたということでした。

後にババに確認して分かったことですが、彼はそのとき一種のクライシス状態にありました。クライシスとは、早急な進歩を望んで過度にラティハンをした結果、自分の受容能力以上に強い集中的な浄化作用に曝《さら》される状態のことです。それによってその人は、スピリチュアルな感受性が高まる一方、心のバランスを崩しやすくなります。

実際には、クライシスはいろいろな形態をとります。異常な行動が表に出る場合もあり、外からでは他人に分からない場合もあります。しかし、一定の時間がたてばもとの正常な状態に戻ります。これはごくおおまかな説明ですが、これ以上のくわしい説明は話の本筋とは関係がないので、そういう状態が極めて稀ではあるが、人によって起こる場合があると言うだけにとどめます。

彼は、国際センターの滞在中に、早く進歩したいという思いから、ババの書記局のヘルパーの家に入り浸って、自分の能力を超えた過度のラティハンやテストを行いました。その結果、彼の感受性と洞察力は高まりましたが、受けたラティハンの力が自分の限界を超えていたために、彼の内部の奥底にあった不純物が同時に急速に浮かび上がり、クライシス状態を引き起こしました。それは、洞察と欲望と空想とのないまぜ状態のなかで、一種の優越感として現れました。しかし彼は、そのことが自分では分かりませんでした。

彼はまだヘルパーではありませんでしたが、自分は誰よりもずば抜けて霊的に高くなったと考えました。そしてヘルパーたちを批判するとともに、ひそかに会員たちに対して指導者のようにふるまいはじめました。彼がもたらしたのは、いわばパパのお膝元のインドネシアからの新知識でしたから、まだ経験の浅い多くの会員がそれに引きつけられました。

これは、彼の支部を担当していた私にとって困った問題になりました。彼が会員に話すときには、時として優れた洞察力を示しましたが、そのふるまいは明らかにスブドの枠組みからはずれていました。彼はヘルパー全員を批判しましたが、とりわけ自分の支部を担当する私をライバル視して、何かにつけて私を妨害しようとしました。私が会員に対して何かを言おうとすると、その瞬間彼から強い敵意を感じて、しばしばものが言えなくなってしまいました。私はそんな彼にいま何を言っても無駄だということが分かりましたから、彼が私にどんな感情を向けても心を動かさず、それに反応しないように全力をあげることしかできませんでした。クライシス的状態にある人には、安らかで静かな心を保って接することが一番で、そうすればクライシスはあまり長く続かず、間もなく通常の状態に戻ると聞いていたからです。

しかしその状態は、二、三カ月たっても変わらず、かえって事態は悪化していくようでした。私は次第にその緊張に耐えられなくなりました。彼の支部のラティハンに出席すること自体が苦痛になってきたのです。そしてそのはけ口は、彼に対してよりも、次第にパパの方に向けられてゆきました。

私の考えでは、パパは彼の内部状態をよく知っていたはずであり、彼がその状態のままで日本に帰ればどんな行動を取るか、どんな事態が起こるかも分かっていたはずです。そしてパパなら、それを防ぐ手段をとることも、クライシスが終わるまで彼の帰国を延期させることもできたはずです。それなのに、パパはなぜ何もしないで彼を帰国させたのか。そのために私はいま苦しい思いをしている。私はそう言ってパパを非難したくなったのです。

ある日、例によって彼の敵対心をひしひしと感じながらラティハンの開始時間を待っていた私は、とうとう耐えられなくなりました。時間がきて立ち上がったとき、私は心のなかで思わずパパに呼びかけました。

「パパ、なぜあなたは、彼をこんな状態のまま日本に送り帰したのですか。そうすればどんな混乱が起こるか、あなたにはわかっていたはずなのに、なぜそれを防がなかったのですか」

ラティハンが始まって少しすると、私は眼の前ほんの数十センチのところに、パパが立っているのに気がつきました。目鼻立ちはぼけてはっきりしませんでしたが、パパに間違いありません。パパは微動だにせずに立っており、私はその前でラティハンをしていました。

不思議なことが起こったのはその時でした。私とパパの周囲がふいに動きはじめ、気がつくと世界が急速に下に向かって落下しはじめました。やがて、私とパパのまわりの世界の落下はめまぐるしい速さになり、早送りのビデオ映像さながらの光景になりました。しかしすぐに、それは世界が落下しているのではなく、実はパパと私が上昇しているのだと気がつきました。ガラス張りのエレベーターから外を見ると、自分が上がっているのではなく、周囲の光景が落下しているように見えるのと同じでした。

その光景が二〇秒か三〇秒続いた後、動きがぴたりと止まりました。どこか異次元の世界にきたようでした。なぜかババの姿はもう見えず、四方に広々とした空間が果てもなく広がっていました。一緒にラティハンをしていた会員たちの姿は見えず、ただ私の足元に、問題の会員がただ一人眠ったように横たわっていました。

そこは調和と一致が支配する世界でした。その領域ではすべてのものが調和し、すべてが一つに繋がっていました。それはユニティの世界でした。

私は、床に横たわっているその会員を見ました。彼も私と繋がった魂の兄弟でした。私は周囲を見渡しました。そして、果てしなく広がる宇宙の隅々にまでババの力が行き渡り、ババの力で満たされているのを感じました。

そんな光景を見ながら、私が思ったこと、感じたことは、地上でのどんな出来事も、この霊的領域と無関係ではないということ、そしてこの霊的宇宙がババの力で満たされている以上、地上で起こる何ごとも、ババがそれを許しているから起こっている、ということでした。この考えは理解を超えていました。

そのとき同時に私に分かったことは、ババが物事を起こるがままに任せるのは、必ずしもそれを良しとするからではないということでした。望ましくないことでも、それに干渉せずに起こることをあえて許す、それがババのなさりようだということです。

そう思ったとき、私はババの態度が、神の態度に極めて近いことに気がつきました。神の力は全宇宙に遍在し、神は全能であるにもかかわらず、地上に悲惨な出来事が起こるのを、あえて止めずに許しています。それと同じではないかと思ったのです（※注）。

私は少し頭が混乱するのを感じました。だとしたら、ババの属性と神の属性が同じということになってしまうのではないか。しかし、ババが神ではないことは私には明らかでした。私は、ババの本性を理解することは私の能力の限界を超えている、だからババについてはもうこれ以上考えない方がよいと思いました。これが別の世界にいた間に私が考えた結論でした。

私は、その世界から地上に戻るときには、来た道順の逆をたどるのだと思っていました。すると今度は、世界が上昇するのを眺めながら降りることになるでしょう。しかし、実際はそうではありませんでした。たんに周囲の光景がぼやけ、ふつうのラティハンになりました。終わりになって眼をあけると、ほかの会員たちと一緒に部屋の中に立っていました。

この体験は、霊的なババについての新しい開示として、私に深い印象を残しました。それまでにもババの偉大さを体験していましたが、どうやらババは私が想像していた以上の存在であるようでした。しかし、私は体験中に思ったように、ババについてそれ以上考えることも、理解しようとすることも断念しました。それは私の能力以上のことであると納得したからです。

さらにこの体験で、私はこの世界よりずっと高く優れた霊的な世界が実際に存在していることを知りました。私がかいま見た世界がどのような位置づけにあるのかは知りませんが、私たちにとって天国と呼ぶにふさわしい調和と一体化（ユニティ）の世界であることは確かでした。それはもしかすると、ババが真の人間世界と呼んだものかもしれません。私は、思いがけないことから、ババによってそういう世界の存在を体験させられたのです。


（※注）もし神が存在するのであれば、なぜ世界にかくも多くの苦しみと悲惨さが存在するのを許しているのか。――これは何世紀にもわたって繰り返し問われてきた大きな問題です。

この問題は、人間に与えられている自由意志の問題と深くかかわっています。ババはあるトークで、自由意志は、天使すら持っていない神から人間への最高の贈り物（神に近い属性）であると言われたことがあります。そのため、少なくとも地上では、人間は神のように振る舞うことができます。しかし自由意志は、使い方によっては善のみではなく悪を行うこともできます。人間は、自分が持つ特権のゆえに、天使以上の高みに昇る可能性を与えられていると同時に、悪魔以上に残酷な存在になって、自分や他人を地獄の苦しみに突き落とすこともできるのです。それが自由というものであり、同時に、使い方を誤った場合、人間が払わなければならない代償です。戦争や、貧困や、差別は、人間が自分でつくりだした災難であるがゆえに、それについて神に責めを負わせることはできません。それをつくりだした人間が責任を負い、自分で解決しなければなりません。そしてこの地上生活は、自由意志を誤って使って、自分を動物以下に堕落させてしまう危険な誘惑に満ちています。ババは、人間が持つ高い可能性と、その裏側にある危険を、天使をはじめ自由意志を与えられていない他の被造物に対する神の公正さだとほのめかされました。

しかし、この世界には、病気、天災など、人間が自分でつくりだしたのではない苦しみもたくさんあります。仏教は、人間世界を生老病死という苦しみの世界と見るところから出発して、苦の世界からいかに脱却するかを中心課題にしました。もし神が存在するのなら、なぜそういう苦しみが人間に降りかかるのか。ババは、それを人間に対して神から与えられる一つのテストとして受け止めるべきだと言っています。降りかかった苦しみをどう受け止め、どう対処するか、それが魂の成長のために与えられる一つのテストであり、チャンスにもなるという意味です。

キリスト教では、旧約聖書でヨブ記がこの問題を正面から扱っています。ヨブは強い信仰を持った義人でしたが、ありとあらゆる災難と苦しみが降りかかったとき、私はこんな苦難を受けなければならないような間違ったことは何一つしていないと神に訴え、神を責めました。友人たちは、ヨブにどこか間違ったところがあるのだと説得しようとしますが、ヨブはそれをはねつけ、自分は正しいと主張します。

ヨブ記では、最後に神がヨブの問いかけに答えます。しかしそれは、「なぜ」という疑問に対するまともな答えではありませんでした。なぜなら、神は創造主としての自分の力の偉大さと超越性を列挙して、人間にどうして神の意志を計り知ることができようかと言うだけだからです。ヨブ記では、冒頭に神と悪魔とがヨブの信仰の強さについて賭けをする場面があって、ヨブが受けた苦しみは、彼を神から引き離そうとする悪魔からの誘惑であり、結局は、彼の神への信仰と信頼がどれだけ揺るぎないものかを証《あかし》するための神からのテスト（試練）だったことを示しています。

さらに別の観点からすると、「苦しみ」の存在は地球上に生きる人間という根本条件に関係していると考えられます。私たちが生きる地球世界は、基本的に物質世界です。したがって、物質（たとえば鉱物）にとっては地球は自分のふるさとであり、そこが永遠の住み処《か》です。しかし、植物や動物、とりわけ人間にとっては、この地上世界では物質的な形を取ってはいるものの、その本質（内部にある生命力、魂）は本来物質世界に属していないと考えることができます。つまり、霊的な観点から見れば、植物や動物や人間には物質世界を超えた領域の中にそれぞれの真の故郷があり、地球上での生活は物質世界での生を経験するための一時的な仮住まいにすぎない、という考えです。

植物、動物、人間は、この地球世界で永遠に生きることはできません。彼らには寿命があり、一定の時間がたてば必ず死が訪れて、この世界を去ってゆかなければなりません。それは、彼らの身体がこの物質世界には決して完全には適合できないという条件を背負っているからだと言えます。そう考えれば、苦しみの存在も神の大きな摂理の一部であり、人間は、地球での経験を終えた後は、この世界を超えた真の故郷へと帰ってゆくべきであり、地上を自分の最終的な居住地だと思い違いをしてはならないことを示すための、神の計らいのなかに組み込まれているのかもしれません。

ここまで私の考えや理解を述べましたが、実はこの問題は私の経験範囲を超えていて、私は自分の経験に即してこの問いに答えることはできません。ここに書いたのは、ババのトークをはじめ、さまざまなことに触発されて得た私の頭による理解であり、推測にすぎません。

最後に、私は最近マザー・テレサのあるインタービュー記事を読んで深く心を動かされましたので、それを紹介してこの問題を終わりにすることにします。

マザー・テレサは、会見のなかで、神の存在に関連して、貧困は人間のつくった問題で神の責任ではないという説明をしますが、通訳の女性から、「でもマザー、世の中は苦しみでいっぱいではありませんか！」と反論され、こう答えています。

「苦しみ、それは貧困とは違います。苦しみは、わたしたち人間の知恵では理解することのできない、神さまの特別なみ計らいです。苦しみを説明することはできません。……ただ、わたしの知っていることが一つだけあります。人間が苦しんでいるとき、神様はやさしい父様のように、その人とともにいてくださるのです」（女子パウロ会編『わたしはマザーに会った』）

三　ババの使命

私はこれまでの体験で、ババについて私が知り得ることはすべて知ったと思っていましたが、しかしまだ続きがありました。それは、一九六七年に東京で行われた第三回スブド世界大会でのことです。

スブドの世界大会は、オリンピックのように四年に一度行われ、いまでは千数百人から三〇〇〇人の会員が世界中から集まります。参加国も数十カ国に達します。世界大会は十日かそれ以上にわたって行われますから、会場や宿舎の手配も大変ですし、準備費用もかかります。ただ、当時はまだ参加者が少なく、東京大会への参加者総数は四〇〇人、外国からの参加者は二五〇人ほどでした。それくらいの規模でしたから、日本のスブドも大会を準備することができたのです。大会は東京郊外の「よみうりランド」のホテルと付属施設を使って行われました。

スブド全体の公用語は英語ですから、大会中に行われるバパのトークはすべて英語に訳されますが、時間の節約のため、日本人会員のための日本語への通訳は、指示されたときだけ行うことになっていました。英語から日本語へ通訳するのは、私の役目でした（現在では数ヵ国語に同時通訳されています）。

そういうわけで、バパのトークのすべてが日本語に通訳されたわけではなかったので、この取り決めは、英語を知らない日本人の参加者には気の毒でしたが、私としてはむしろありがたいことでした。というのは、バパのトークを通訳することは、私にはかなりの緊張を要する仕事だったからです。私のヒアリング能力に問題があるせいでもありますが、バパのトークを通訳するには、通常の記憶力以上のものが必要だったのです。

ババはトークのとき、あらかじめ話す内容を準備することなく、その場で神から「受けて」言葉として口から出てくるものを話されます。頭を全く使いません。そのため、ババの話されることを頭で記憶しようとすると、すべてが頭から滑り落ちて、空白状態になってしまうのです。これは、経験した人以外には分かりにくいことですが、通訳の途中でほんの少しでも思考力を働かせると、奇妙にもその途端にすべてが抜け落ちて、頭が真っ白になってパニックに陥ってしまうのです。私がババのトークを通訳したのは、二回目のババの来日のときからですが、ババに同行してきた通訳のウスマンからそのことを注意されました。ヨーロッパのある国で、英語に堪能な女性がババのトークを通訳しようとしたが、結局一言も通訳することができず、とうとう壇上で泣き出してしまったというのです。

では、どうするかと言えば、ラティハンのときのようにリラックスして自分の内部だけを意識し、頭で言葉を記憶しようとはせずに、ただ注意深く聞いて理解し、その理解を日本語や他の言語にするのです。私もそうするように努めたのですが、いつもうまくゆくとはかぎりません。かといって、通訳の途中であまり何度も聞き返すと、トークの流れが途切れてしまいます。ですから、ラティハンに近い状態を保ちながら、しかも注意力を集中させるというパパのトークの通訳は、何度やっても私には緊張させられる仕事だったのです。

私が初めてパパのトークを通訳したときのことで、いまも鮮明に憶えていることがあります。トークの前に皆でラティハンをしたのですが、そのとき、バイブレーションが突然口のところに集中しはじめたのです。ラティハンのバイブレーションが身体の小さな一ヵ所だけに集まるというのは、かつてない経験でした。最後には、私の口全体がバイブレーションだらけになってしまいました。ただそれだけのことで、意味が分からなかったのですが、後になって、パパのトークを通訳することになったために、私の口の部分が特別に浄化されたのではないかと思いました。つまり、それだけトークの通訳には特別な何かがあるということです。

大会中のある日、パパのトークが予定されていましたが、直前になっても日本語の通訳の指示はありませんでした。私は内心ほっとしていました。自分勝手な考え方ですが、今日こそくつろいで、自分のためだけにじっくりトークを聞くことができるぞと、かえって嬉しかったのです。私は会場の最後列近くに席を取り、トークが始まるのを待っていました。

やがて壇上にババとウスマンの姿が現れ、ババが話しはじめた途端、私は強いバイブレーションが降りかかるのを感じました。あまり経験したことのないほどの強さで、ラティハン中でもないのにと不思議でしたが、今日のトークが特別な内容で、それに関係しているのかもしれないと思いました。

話しはじめて二、三分すると、ババは急に話をやめ、そばのウスマンに何か話しかけました。ウスマンが立ち上がって、大声で私の名前を呼んでいるのが聞こえました。ババがこのトークを日本語にも通訳するようにと指示したのでした。

私は、予想を裏切られて、ぬか喜びに終わったので、しおしおと立ち上がり、ゆっくり時間をかけて演壇に向かって歩きながら、急いで自分の気持ちを切り替えようとしました。多くの外国からの会員を前にして、私のためにババのトークをしばしば中断させるのはいやだったからです。幸い、壇上に上がったときには、通訳する心構えができていました。

私がババとウスマンの横に座り、トークが再開されました。特別な経験をしたのは、それから一時間ほどたったと思われたときで、ババがまだ話している間でした。私は、インドネシア語が分かりませんので、ババの話が英訳されるまでは何もすることがありません。私はババの声を聞きながら、ちらっとババの横顔に眼をやりました。

その瞬間でした。自分が雷に打たれたような感じがしました。まるで、夜の闇に突然稲妻が走り、光がひらめいて、それまで暗闇に隠れて見えなかった光景が一瞬鮮やかに浮かび上がる、そんな感じにババの姿が浮き上がって見えたのです。ババの周囲の光景は、反対に背後の闇のなかに退きました。閃光で浮かび上がったババは、ババでありながらいつものババではありませんでした。私がそのとき見たババは、地上における神の力の代理人としてこの世に送られた、神の使者としてのババの姿でした。

しかし、その光景は一瞬のうちに過ぎ去り、暗く翳《かげ》った壇上の光景がふたたび以前の明るさを取り戻してゆきました。ババは何ごともなかったように話し続けていました。私もふたたび通訳の役目に専念しました。それが体験のすべてでした。

しかしこの体験は、私に対して決定的な影響を与えました。人生には、一瞬の出来事によってその後の生き方が左右されることがありますが、この体験がそうでした。

それを分かっていただくためには、魂の究極の目的を知らされた四年前の体験以後の私の試みについてふれなければなりません。

小さな神の僕《しもべ》になるにはどうすればよいのかが、私の人生の課題になったことはすでに書きましたが、私が熟慮の結果そのために選んだのは、福祉事業を始めることでした。神の僕になるということは神に仕えるということですが、神はいかなる助けも必要とされず、直接神を手助けすることは人間には不可能です。とすれば、人間に可能なのは、神が創られた私と同じ仲間の人たち、特にハンディキャップを負った恵まれない人たちを助けることで、それがとりもなおさず神に仕えることになるのではないか、私はそう考えたのです。

私は、障害児のための施設をつくることをめざそうと思いました。当時英国では、スブド会員が力を合わせてそういう施設をつくっていましたが、スブド全体としては、福祉事業に対する取り組みはまだ始まっていませんでした。いまでは、世界の多くの国々でスブド会員が活発に福祉活動を行っており、そのために設立されたスブドの国際福祉組織（スシラ・ダルマ・インターナショナル・アソシエーション）は、多くの国における人道主義的活動が高く評価されて、国連から諮問機関に指定されています。しかし、当時はまだどの国のスブド会員も、自分のラティハンのことや自分たちの組織をどう運営するかで手一杯でした。

日本でも状況は同じでしたから、障害者のための施設をつくるという私のアイデアは、なかなか協力者が得られませんでした。そして残念なことに、私自身にはそのための資金も経験も全くありませんでした。しかしながら、しばらく模索を続けるうちに、私に協力しようとする会員が二人現れました。その一人は小児科のお医者さんでしたが、瀬戸内海沿いの郷里に自分名義の山林があるので、それを障害児施設の建設のために提供してもよいと言ってくれました。土地さえあればどうにかなるのではないかと思っていた私には、まさに願ってもない、ありがたい話でした。

けれども、いよいよ三人でその土地を見に行こうという段階になって、障害にぶつかりました。小児科医が郷里の親戚と連絡を取った結果、その土地はもう何十年も親戚の管理にゆだねていたので、名義上は自分のものでも、実際には自分の一存では処分できないという話になり、さらに土地の人たちは障害者に対する偏見がまだ強く、障害児の施設では周囲の人々の賛成が得られないという情報が伝えられて、その話は結局立ち消えになってしまったのです。その後、実現への手がかりはなかなか見つかりませんでしたが、それでも私はあきらめるつもりはありませんでした。

一方、スブドに対しては、私は自分の果たすべき役割は一応終わったと思っていました。ラティハンを日本に根づかせることができ、日本スブドが新たな態勢で発足できたことで、スブドに対する責任は果たしたと思ったのです。あとは、開示された自分の魂の目的のために全力を尽したい、それが私の考えで、福祉事業はその手段でした。

そうした眼で見ると、スブドがしていることは、どこか物足りなく思えました。社会的には何の影響力もない微々たる団体である上に、仲間うちの問題だけにかかわり合っていて、つまらないと思ったのです。私はもっと人々のために直接働きたいと思いましたが、私と同じような考えを持つ人は、グループのなかに見つかりませんでした。そのため、私は、自分の生涯の目標を追求するためには、スブドの組織からは離れることになってもやむを得ないと考えていました。

東京での世界大会の席上、ババのトークを通訳している最中に起こった一瞬の体験は、そんな私の考えを一変させました。私はすでに霊的なババの偉大さを知っていましたが、ババは神の使者であり、地上における神の力の代理人として遣わされているという認識は、私に新たな衝撃を与えました。

私が目の当たりにしたのは、そういう存在であればもっと大きなことを行うこともできるであろうに、スブドという小さな組織の育成のために自分のすべての時間とエネルギーを投入しているババの姿でした。ラティハンは神の力の働きであって組織化することはできないが、スブドを秩序正しく社会に伝えてゆくには、最小限の現世的組織が必要であるとババは述べていました。神の力を代表するババが、スブド組織の育成を何よりも大切だと考えてそれに専心されているのなら、自分がいまなすべきことは、ババがしようとされていることをできるだけ手伝うことではないか、それが最も神への奉仕になるのではないか、私はそう思いました。それが転機でした。

それ以降の私は、スブドの組織とともに人生を歩むことになります。社会事業の夢を捨てたわけではありませんでしたが、自分の行動についての優先順位を変えたのです。

ババが行ったテスト

これまでババについて書いたので、今度はその一環として、ババが私たち会員たちのために行ったテストのことを少し書くことにします。

ババは何度も世界を旅行されました。一回の旅行に、時には一年以上をかけて、多くの国、多くの都市を回りました。そして、会員のためにトークとラティハンとテストを行いました。そのどれもが、私たちにとっては特別なボーナスでしたが、とりわけテストは誰もが待ち望んだ時間でした。というのは、ババが行ったテストは、ババしかできないテストが多かったからです。

私はテストについて、それは一種のラティハンで、それによって自分では解決できない問題について神からの導きを求めることができると述べました。しかしテストには、もう一つ違う目的のものがあります。それは、ラティハンがどの程度進歩したかを会員が自分で確認するためのもので、ババが行ったのはそういうテストでした。

その種のテストで、ラティハン経験があまり深くない人たちでも経験できるボディ・テストと呼ばれるものがあり、これはラティハンが自分の身体のどの部分にどれだけ浸透したかをチェックするために行われます。すでに述べたように、ラティハンの働きはふつう身体の動きとしてまず現れます。ラティハンが始まると、私たちは自分の意思とはかかわりなく、手や足がかってに動いたり、歩いたり、走ったり、歌ったり、踊ったりします。私たちはそれに逆らわず、素直にその動きについてゆきますが、それらは神の力との接触によって目覚めた魂によって引き起こされる動きで、身体を浄化する働きがあります。

身体の浄化は、次に感覚の浄化、感情と欲望の浄化、意志の浄化、思考の浄化と進んでゆきます。それは、人間の持つあらゆる機能が、最終的には単に意志や欲望の道具ではなく、魂を介して神の力の道具となって働けるようになってゆくためです。ボディ・テストは、その第一段階として、自分の身体のどの部分がラティハンによって浄化され、魂の命令にしたがって動くようになったかをチェックするためのテストです。

ボディ・テストでは、「あなたの手はどこにありますか？　それはどんな役に立ちますか？」というような質問をします。そして、手や足から始まって、身体のあらゆる部分、あらゆる器官におよびます。テストを受ける人は、ラティハンの状態でその質問を聞き、自分の身体がその問いに対してどう反応するかを見ます（もちろん、自分の意志で動いてはいけません）。そして、それによって自分の意志で動く状態と、神の力で動かされて動く状態とがあることを知り、その違いを感じることができるようになります。

ある期間ラティハンを続けると、身体はもっと複雑な質問に対しても、自動的に反応して動くようになります。たとえば「ジャワの踊りを踊るとき、身体はどのように動くか？」とか「エジプトの踊りでは身体はどう動くか？」というような質問に対して、ジャワの踊りやエジプトの踊りを習ったことがなくても、身体が自然に反応してそれぞれの踊りを体で表現します。魂がそれを知っているからです。そして、浄化がさらに進むと、もっと内面的な質問に対して、体の動きだけではなく、内的な感覚によって受けることができるようになります。最終的には理解や意識で受けることができるようになるのですが、それには高いレベルの浄化が必要であり、私にとってもまだ今後の可能性にすぎません。

こうして、ババが会員のために行ったテストは、簡単な質問から、深く複雑なものまで多岐にわたりました。あらゆる事柄が質問の対象になっただけではなく、この世を超えた事象もテストの対象になりました。また、比較的単純なものでも、常識では考えられない質問もありました。

私が受けたテストで、「犬はどのように笑うか?」とババから言われたことがあります。私の科学的な知識では、笑うことができるのは人間だけで、動物は笑わないはずでした。しかし、そのテストでの自分の反応を通して、私は、犬も笑うが、人間にはそれが吠えているとしか聞こえないことを知りました。

しかし、それもまだ序の口で、ババのテストには、想像を絶するものもあり、私には質問の意味さえ理解できないものもありました。天使や昔の預言者、たとえばアブラハムについてのテストでは、私は改めてババとはどういう人なのかと思いました。ババが自分で受けてこうだと言うのならばともかく、会員である私たちにそれを受けさせようとされたからです。私には何も感じられなかったテストも少なくありませんでした。ババはそういう質問を混ぜることで、多少ともそれを受けられる人がいるかどうかを見るとともに、いつかはそういうことも受けられるようになるという、ラティハンの大きな可能性を私たちに悟らせようとしたのだろうと思います。

また、「テストで下駄をはかせる」という表現がありますが、ババの前でテストを受けることは、ある意味で、ババの助けをかりて一種の「下駄をはいた」状態で受けることのように思われました。なぜなら、私たちは、ふつうでは受けられないような質問でも、ババの前では感じたり受けたりするという経験をしたからです。つまり、自分にはまだ答えを受ける能力がないのに、ババが力をかしてくれたために受けることができたというような経験です。それは、後で同じテストを自分一人でやってみれば分かります。質問は同じなのに何も受けられず、何も感じられないからです。

会員たちから、「なぜババの前ではふつう以上に受けることができるのですか?」と聞かれたとき、ババは「それは単にババの内部がより静かだからだ」と答えました。私たちが一緒にラティハンをするとき、私たちの内部は幾分繋がったような状態になり、そのため自分では気づかないうちに、お互いが助け合っているのです。

前にも述べたように、ラティハンの働きを言葉で説明することは困難です。そして「テスト」を理解することは、まだそれを経験していない人にとってはなおさら困難です。そのため、ババは会員たちとテストを行うとき、一種の催眠術を使ったのではないかと疑う人たちがいても不思議ではありません。事実、初期の時代には、ラティハンの働きをまだ充分に経験していない会員からさえこの疑問を聞きました。

催眠術のメカニズムは、まだ科学によって完全には解明されていません。しかしそれは、暗示にかかりやすいことを利用して、心と感情を操作する技術です。暗示は、催眠術師が言葉として表現する彼の意思によって与えられます。そして、催眠にかかる人は多かれ少なかれ催眠術師に自分を明け渡します。要するに、催眠術は人間の行動を外側からコントロールする技術です。その点で、ラティハンやテストとは全く異なっています。ラティハンやテストのなかでは、私たちは神の力だけに自分を委ね、ババをも含めて他人にはどんな注意もはらわず、外部からの影響をすべて遮断するからです。

ババが亡くなられたいま、そのような高度なテストを会員に受けさせることができる人はもういません。いまラティハンをしている人たちは、いつか自分で高度なテストを受けられるようになるまで、自分を浄化してゆくほかはないでしょう。

この話題については、私はババが行った高レベルのテストのうち、ババに助けられて私が「奇跡的に」受けることができたテストを二つお話ししようと思います。それらは、受けた結果に私自身が驚いてしまった印象的なテストでした。

その一つは、木星に居住する「存在」に関するものです。ババが日本に来られた際、日本会員に対して行ったテストの一つでした。地球以外の天体に関する質問は、ババのテストのなかでも極めて稀でした。ババは、私たちがまだ地球外のことを正しく受けられるところまで達していないと知っておられたからでしょう。ババは地球外の天体における住人の存在を認めていましたが、彼らを○○人とは言わず、必ずその星に住む「存在」と呼んでいました。ババによれば、各天体の環境や条件はそれぞれ非常に異なっており、したがってその星の住人が持つ条件も異なっています。ババは、人間が彼らと物理的に交流することは不可能であり、霊的なレベルでしか彼らと接触することはできないと考えておられました。

ババが初来日した一九五九年頃は、ＵＦＯ論議がいまよりずっと盛んな時期でした。そのため、新会員の一人が、金星人が地球に来ていると言う人がいるが事実だろうかとババに質問しました。その質問は、スブドともラティハンとも関係のない、個人的な興味による質問でしたが、それでもババは、「もし金星の『存在』が地球に来れば、地球は燃えてしまうだろう」と短く言われました。金星探査機が軟着陸に成功し、金星が表面温度四七〇度の灼熱の天体であることが科学的に確かめられた時点より一〇年以上前のことでした。

さて、その木星に関するテストのとき、私の役目は英語への通訳者と並んで座って、ババの横でババの質問やコメントを日本語に通訳することでした。そのため、残念ながら他の会員たちに混じってテストを受けることができませんでした。会員たちは、いくつかの小グループに分かれて順にババの前に立ち、ラティハンと同じ状態になってババの質問を待ちます。ババがインドネシア語で質問すると、それが英語に翻訳され、その英語を今度は私が日本語に訳します。会員たちは、私の通訳によって質問を理解するやいなや、内部から動かされて問いに反応します。会員はそれを通して、他人から言われるのではなく、自分のラティハンがどこまで進んでいるかを自分で知ることができます。

そのうち突然、ババはそれまでとは全く繋がりのない質問をしました。

「木星に住んでいる『存在』は、どのようなハートを持っているか?」

前にも言ったように、ババがこの種の質問をするのはめったにないことで、もしこの機会を逃したら、多分二度と経験することができないようなテストでした。ですから、私は質問を日本語に訳すと、急いでその場で眼をつぶり、不十分でも何かが感じられないか、試してみようとしました。

一瞬のうちに、私の胸から銀色の霧か靄《もや》のようなものがほとばしりました。それは、銀色の息吹のようにキラキラ輝きながら拡散し、数メートル前方にまで広がってゆきました。

「ストップ」

ババの声がしました。私は急いで通訳の役目に戻りました。

ババは、「受けられたか？」と会員たちにたずねました。テストに加わっていた米国人会員が手をあげて、

「明るい感じがしました」

と答えました。

「そう、輝かしい（Yes, bright）」とババは英語で言われました。このババの言葉で、私は輝く銀の息吹が胸からほとばしるという体験が間違いではなかったことを知りました。木星の「存在」は、人間とは比べものにならないほど純粋で輝かしいハートを持っていまし

た。それを私は経験したのです。

もう一つの体験は、インドネシアのババのお宅で受けたテストです。私は日本からのヘルパー代表として、コミッティ代表とともに、スブドのアジアゾーン会議に出席していました。

会議の議題の一つは、その三カ月後に英国で行われる初めてのコンパクト・カウンシル（各ゾーンの代表による世界評議会）に、アジアゾーンを代表して出席する国を決めることでした。会議では、インドネシアを選ぶことで各国代表の話がまとまっていました。しかし、翌日ババのお宅でそれを報告すると、ババは珍しく難色を示されて、「もしババに示唆することが許されるのなら、日本を示唆したいのだが」と言われました。思いがけないババの言葉に、インドネシアの代表も困惑しましたが、日本の私たちも困惑しました。

ババはインドネシアの代表たちとしばらく話をされていましたが、同意を取りつけられたらしく、私の方を向いて聞かれました。

「英国に行けるか？」

突然の成りゆきに私は狼狽して答えました。

「私は能力的に不充分ですし、代表となる資格がないと思います」

実際、私は断わりたかったのです。サラリーマンとして年二回も長期休暇を取るのは難しいことでしたし、全世界の各ゾーンの代表たちとグループ・ディスカッションができるだけの英会話能力もなく、その他あらゆる点で自信がなかったからです。

しかし、それに対してババは言われました。

「仕事をするのはあなたではない。神の力である」

思いがけない言葉に私はドキッとしました。ババからそう言われると、私にはそれを押して断わる口実が頭に浮かびませんでした。

ババはそれから、皆の前で私にテストを受けるようにと言われました。ババの最初の指示は、まずふだんの状態で歩き、次にラティハン状態で歩くというもので、私にはもうおなじみのものでした。私はラティハン状態で眼を閉じ、前を見ないで歩きましたが、壁の近くまでくると、足がひとりでにUターンして、壁にぶつかることはありませんでした。

次にババは、私に床に座ったままで受けるように指示されました。

ババは言われました。

「ババはこれから、ババの意思や感情を使ってアッラーと言う。そして次にはラティハンの状態でアッラーと言うから、その二つの違いを受けてみなさい」

ババは椅子から立ち上がりました。これまでの説明でもうお分かりと思いますが、ラティハンの状態でというのは、神の力によって、あるいは神の力にともなわれてということです。私は眼を閉じて内面に注意を向けました。

「アッラー」

ババの声が聞こえました。私の胸のなかで、明るさと喜びの感じが広がりました。私は、ババが思考と感情でアッラーと言ってもこんな感じがするのだから、ラティハン状態で神の名を言えば、どんなすばらしい感じがするだろうと思いながら、次を待ちました。

「アッラー」

ババの声がしました。声の調子や言い方は最初とほとんど変わりませんでした。しかし、次の瞬間に起こったことは、全く予想外のことでした。

私は、凄まじい静寂さのなかにいました。静けさを凄まじいと形容するのはふさわしくないかもしれませんが、凄まじいとか物凄いとしか言いようのない静けさでした。私が想像したような喜びや幸福感は全くありませんでした。それどころか、あらゆる感情が拭い去られて完全になくなっていました。私が感じていたのは、廃虚のなかの静けさでした。まるで、全世界が終末のときを迎え、生あるものすべてが死に絶えて、物音も完全になくなった廃虚のなかに、私だけがただ一人生き残って虚空にたたずんでいるような気がしました。それは、私がラティハンで経験したことのある静けさとは異質とも言える底無しの静寂であり、底知れぬ沈黙でした。私は恐ろしくて身の毛がよだつ気がしました。

テストが終わると、ババは、「違いがわかったか？」と私にたずねられました。私は、あまりに衝撃的な体験で言葉が出ず、かろうじてうなずいただけでした。ババはにっこりされました。

このテストは、私の神についての観念を変えました。私がそのとき実際には何を体験していたのかは、私にはいまも分かりません。しかしこの体験は、

「神はすべてが始まる前にすでに存在し、すべてが終わった後にもまた存在する」

というババの言葉を思い出させました。もしかすると私は、すべてが終わった後にも存

在する「至高の存在」の本質の一端をかいま見させられたのかもしれません。もちろん、それも定かではありませんが、私は一生この体験を忘れることがないでしょう。私に分かっているのは、私がラティハンで経験しているような内部の静けさは、まだ極めて底が浅く、もっとずっと深く大きな静けさの入り口にすぎないということです。

三カ月後、私はバパが言われたように英国に行きましたが、それがスブドの国際レベルでの仕事の始まりでした。

最後に、今の話の五年ほど前の出来事をつけ加えることにします。これはバパが行ったテストではありませんが、私の外的な生活に関係したテストで、この話でテストをしたのは私ではなく私の妻で、それも夢の中で行ったテストでした。

一九七〇年も後半に入ったある夜、私は妻に揺り起こされました。

「不思議な夢を見たわ」

と妻は言いました。妻の話では、夢には特に筋はなく、ただ誰かにテストをせよと命じられたので、まず私たちの物質的状態は今後どうなるかをテストしたら、今より遙かにずっと良くなるという答えを受けたというのです。次に、私たちの霊的な状態は今後どうなるかをテストし、それも良くなると受けたと思ったら、その途端に目がさめたというのです。

私は、妻の話をまともに受けとりませんでした。

「どうして二番目の質問の方を最初にテストしなかったの？」

と冗談めかして言っただけで、すぐ寝入ってしまいました。まだ真夜中だったからです。

翌朝、妻は同じ話を繰り返しましたが、妻が夢の中でテストして受けたという内容に何らかの意味があるとは、私にはとうてい思われませんでした。夢だということもありますが、私の収入が遙かにずっと良くなるなどとは、あり得ないことだったからです。

私はサラリーマンでした。年功序列制度のなかで、毎年少しずつ給料が上がるにしてもごくわずかで、給料が倍になるには二十年かかると思っていました。私が勤めていた特許事務所は、国内のみならず世界でも指折りの大事務所で、弁理士三〇人をふくめて従業員は二〇〇人を超えていました。弁理士は当然、他の人たちより優遇されます。特許事務所は弁護士事務所に似ていて、国家資格を持つ弁理士が中心で、それ以外の従業員はいわば事務員かアシスタントのようなものだからです。私の事務所は、所長と八人の部長によって運営されていましたが、一人の例外を除いて全員が古参の弁理士でした。一人だけは弁理士の資格を持っていませんでしたが、戦後所長が事務所を再出発させたとき以来、ずっと所長を助けてきた人でした。ですから、資格を持たないふつうの所員の将来は限られていました。

実は、当時の私は、それよりもっと深刻な問題を目の前にして悩んでいました。その悩みは翌年に入っても解決できずにいました。それは、その年（一九七一年）の八月に予定されていた第四回スブド世界大会に参加できるかどうかという問題でした。

この世界大会は、それまでの大会にくらべて特別な点がありました。それは、ババの母国であり、スブド発祥の地であるインドネシアでの最初の世界大会であるとともに、スブドが自分の施設で開く最初の大会だったのです。その施設は、ジャカルタ郊外に建設中の世界最初のスブド国際センターでした。

加えてこの大会は、スブドの国際的性格をインドネシアの人々やインドネシア政府に公式に知らせるよい機会だと考えられていました。そのため、会期は通常の十日間ではなく一ヵ月と決められ、開会式にはスハルト大統領とその夫人も招かれ、大統領が開会のスピーチをすることになっていました。私の問題は、一ヵ月もの休暇の許可を事務所からもらえるかどうかでした。

常識で考えれば、明らかに答えは「ノー」です。最近の三、四十年で日本社会は大きく変わりましたが、一九七〇年代の初めには、サラリーマンが病気以外の理由で一週間以上の連続休暇を取ることはほとんど不可能なことでした。私の事務所でも、プライベートな理由で一週間以上の休暇を取った例は過去になく、たとえば、どうしても海外旅行をしたいと思えば、勤めを辞めてからするのが当たり前だと思われていました。

（私も多分辞めなければならないだろうな）と思いましたが、なかなか最後の決心がつきません。まず所長に私の希望を伝え、断わられたら、その上で事務所を辞めるか世界大会をあきらめるかを決める、それが順序で、そうするのは早ければ早いほどよいと分かっていましたが、私は所長に話を切り出す勇気がなくて、日一日とぐずぐず引き延ばしていたのです。

二月の終わり頃になって、私は突然所長室に呼ばれました。所長の話では、私の所属している部を二つに分けて、新たに外国部をつくる予定で、私をその部長に任命したいというのです。寝耳に水の話で驚きましたが、この機会をはずしては所長に話すことはできないと、私はとっさに心を決めて言いました。

「お気持ちはとてもありがたく思いますが、辞退させていただきます」

私は、自分がある宗教的運動にかかわっていること、その団体では八月にインドネシアで世界大会を行うことになっていること、その大会は私にとってはとても大切な意味があり、参加したいと思っていること、ただ、この大会の会期は一ヵ月であり、それに参加しようとすれば、例外的に長期の休暇を取らなければならないこと、などを所長に説明し、次のように言いました。

「そんなに長い休暇を取ることは、これまでの事務所の方針に合わないことは分かっています。また、部長というものは、その行動が他の所員の模範となるようでなければならないだろうと思います。せっかくのありがたいお話ですが、もし私が部長になれば、私の行動は結果として事務所に良くない影響を与えるかもしれませんから、部長になることはお断わりしたいと思います。実は、私は事務所を辞めることを考えているのです」

所長は、明らかに、部長への任命に私が喜んで、二つ返事で承知するであろうと思っていたようです。実際、弁理士資格のない所員にとって、これは破格の人事でした。

所長はとまどって、こう言いました。

「そういうことなら、この件はしばらく考えさせてくれ」

一週間後、私はふたたび所長室に呼ばれました。

「私は、事務所にとっての利害得失を考えてみた。それで、一ヵ月の休暇のために君を失うよりも、君をとどめておいた方が事務所のためになるという結論になった。私は知っているが、君は同僚たちから尊敬されている」

こうして、四月から私は外国部長になりました。私の給与は、突然二倍以上に増えました。妻のテストは現実になり、私の問題も解決しました。私は妻と子どもを連れて、全期間スブドの世界大会に出席することができたのです。

宗教とラティハン

スブドのラティハンは、神への道であるという意味で宗教と関係していますが、宗教ではありませんし、特定のどの宗教とも結びついてはいません。宗教には必ず教えがあります。しかし、スブドには教えも理論もありません。教えや理論は頭で学ぶことができますが、ラティハンは、頭で学ぶことも、理解することも、意志の力でそれを実行することもできません。

バパは、ラティハンはただ受けることであると繰り返し強調しました。ラティハンは体験することができるだけですが、それを通して学びが生まれ、理解が与えられます。ですから、ラティハンは非常に実際的なものだと言えます。

そこから学びや理解が生まれるという点では、スブドはある種の教育であっても、人間の心による教育ではないと言えるでしょう。それは、学説や理論に基づく教育ではなく、内部からくる学びであり、私たち人間を創造され、そして全宇宙を創造された「至高の存在」の力と接触するようになった自分の魂から教えられる学びです。

スブドの会員には宗教を持っている人もあり、宗教を持たない人もいます。キリスト教徒も、仏教徒も、イスラム教徒も、ユダヤ教徒も、ヒンズー教徒もおり、無宗教の人もいます。スブドはそこに立ち入ることはなく、むしろババは宗教を持つことを奨励しました。なぜなら、自分が実践している宗教の深いところにある真理をラティハンによってスピリチュアルなレベルで体験することにより、より良く理解できるようになる可能性があるからです。宗教によっては、霊的な真実に基づいていない教義や規範が混じっていることがありますが、信者はラティハンを通して教えの真実な部分とそうではない部分に気がつくようになるでしょう。

ラティハンと宗教の関係については、いろいろな角度から論じることができるでしょうが、私はそうした問題に立ち入るのではなく、あくまで私個人がどのような体験をし、それによって私の宗教に対する態度と理解がどのように変化していったかを話してみたいと思います。

私の家の宗教は仏教（禅宗）でしたが、生長の家の強い影響の下で育ち、スブドに出会ってラティハンを始めた頃も、生長の家の下部組織である出版社で編集をしていました。ですから、私の宗教は仏教というより生長の家の教えに基づくものでした。

ラティハンを始めて一年ほどしたとき、私は同じような夢を頻繁に見はじめました。

それは靴の夢でした。

ラティハンが内部に浸透しはじめると、それまでなかった印象的な夢を見る人が少なくありません。それは、ラティハンで起こされた内部の変化が、断片的に夢のなかに現れるからです。私が初めてフルカラーの夢を見たのもその時期でした。一番多かったのは水に関するもので、洪水や大波におそわれる夢でした。夢の意味は分かりませんでしたが、水と感情は結びついていると言いますから、私の感情に関係していた可能性があります。いずれにせよ、日々の生活とは全く関係を持たない夢なので、ラティハンによって私の内部で始まった変化の表れであることが、何となく察せられました。

しかし、靴の夢は、他の意味不明な夢とはどこか違っていて、まるで私に何かを告げようとするかのようでした。夢の道具立てはその都度変わりましたが、内容はどれも似たようなもので、私がどこかからさて帰ろうとすると靴がなくなっていて、どんなに探しても見つからずに外に出られないというものでした。外は雨が降っていたり、道がぬかるんでいたりで、裸足のまま外を歩く勇気がなく、いつまでも靴を探し続けている途中できまって眼がさめました。

そんな夢を何カ月も繰り返し見せられて、私は次第に気になってきましたが、意味が分かりませんでした。フロイト流の夢解釈を当てはめてみても、どこかぴったりしない感じでした。

しかしある日、直感の形でとうとう一つの理解が訪れました。私はそのとき自室の机に向かっていましたが、夢のなかに現れる靴は、私にとって宗教を象徴しているのではないかという考えが突然閃いたのです。そう気がつくと、私の心と宗教との関係の真の姿が見えてきました。それは、私が宗教に何を求めていて、なぜ私にとって宗教が必要なのかということと関係していました。

足は私たちと大地とを繋ぐ接点です。そして靴はその足を保護する手段です。私たちは、ガラスの破片や石ころで足を傷つけないために、足を泥で汚さないために靴をはきます。それは、靴という保護手段によって、大地と直接的に接触するために生じる危険を避けるためです。それと同じように、宗教は、私のために、世界の現実に無防備に接触して私の心が傷つかないですむようにするための一種の保護手段の役目を果たしていました。

宗教は、私たちにとって、一種の倫理的な枠組みとして――これは宗教にかぎらず、それ以外の理論や哲学やイデオロギー、あるいはいわゆる世の常識も同じことですが――私たちが日々出合う世界の現実について、出来合いの解釈を私たちに提供してくれます。私たちはそれにしたがって現実を解釈し、理解し、それに対する自分の行動を決定します。それは、私たちが外の厳しい現実に向き合ったとき、混乱したりとまどったりせず、その意味を手軽に整理し判断できるようにしてくれる解釈装置です。それが私にとっては宗教の真の役割でした。私は世界の現実を恐れ、それによって混乱したり傷ついたりすることを怖がっていました。ですから、宗教という防護服を身にまとって、それが与えてくれる世界観や倫理観というメガネを通して外を見ることによって、判断に迷って混乱する危険を避けようとしてきたのです。

自分の靴が見つからないために外に出られないでいるあの夢は、私にそのことを暗示しているようでした。夢は、私に勇気を出して裸足で大地を歩けと言っているようでした。私に対して、すべての先入観や既成概念を捨てて、何ものにもとらわれない子どものような眼で一瞬一瞬に現れる現実を自分の眼で見て受け入れ、その上で外から与えられた意見ではなく、私自身の内部からの導きにしたがって判断し、行動するべきだと言っているのではないか。よし、それを私の今後の生き方にしよう。私はそう思ったのです。

それは、私にとってかなり高い理想を意味していました。つまり、物事を客観的に見た上で、自分が内部で感じることだけにしたがって判断し行動するということです。孔子は「七〇にして、おのれの欲するところを行って規《のり》を越えず」と言いましたが、それに近いところがあります。実際にはそれは難しいことですが、いまやラティハンという内的な羅針盤を手に入れた以上、それが私のめざすべき方向であると夢が言っているのだと思ったのです。それは一種の確信でした。私にとって宗教はもう必要ない、と私は思いました。私はラティハンで満足しており、私の宗教的欲求を満たすにはラティハンで充分であり、宗教という「杖」はもういらないと思ったのです。

そう心に決めると、私はもう靴の夢を見なくなりました。その状態は、その後一〇年以上続きました。

日本では、ほとんどの宗教が形骸化し、活力を失ってしまって、今では無宗教であることがむしろ正常と見られるようになっています。ですから、その面からも、私は特定の宗教を持つ必要を全く感じませんでした。

一方、ババは、スブドに入っても自分の宗教を捨てない方がよいと会員にアドバイスしていました。ババはイスラム教徒として生まれ、終生イスラム教徒として過ごしましたが、宗教に優劣をつけず、ましてイスラムに勧誘するような言動は一切しませんでした。そして、宗教を求める会員に対しては、自分の魂の性質に合った宗教を選ぶようにと言っていました。しかし、私はその言葉をかるく考えていて、私にはラティハンだけで充分だと思っていました。

ところが、一〇年以上たったある日、私の宗教に対する考え方を一変させるような出来事が起こったのです。

夏のある日のこと、私はフランス系のカナダ人会員と話しながら、人ごみのなかを真昼の大通りを駅に向かっていました。話していたのは主に彼で、私は聞き役でした。そのうち彼は、ユダヤ教やイスラムで伝統的に行われている割礼についての意見を述べはじめました。彼が何を言ったのか、実は憶えていません。しかし、彼の言葉を聞きながら、何気なく自分の胸のあたりを見た瞬間、私は自分の眼を疑いました。何と、私に見えたのは、衣服をつけず、素っ裸で人ごみを縫って歩いている自分の姿だったのです。もちろん、客観的に言えばそれは一瞬の錯覚でしたが、まるで本当に裸で通りを歩いている自分を見た気がしたのです。つまり、そういう姿が意識の眼に映ったのです。それは、強い現実感と、その体験が何を示しているかについての直感的な理解をともなっていました。

　私が見た裸の体は、「内なる私」を表していました。長年のラティハンの結果、私の内部では「内なる自己」がすでに生まれて成長し続けていました。しかし、私が獲得したこのスピリチュアルな「内なる自己」は、それに対応する外側の装いをまだ持っていませんでした。だから裸でした。

　眼に見えないこのスピリチュアルな自己が、この世でまとうべき装い、それが宗教だったのです。衣服をまとわず裸のままでいるのは、この世の人間としてはまだ正常ではないことを表しています。赤ちゃんは裸で生まれますが、この世では衣服をまとう必要があります。そしてその装いは、なるべくその人に合ったものでなければなりません。なぜなら、衣服は、その人が持っている性格を部分的にではあっても眼に見える形で表現するものだからです。

ですから、私も、私自身の内面生活のためにはラティハンだけで充分だとしても、宗教を持たなければ、中身はあってもそれに対応する外側の表現を欠いた状態ということになり、死後はともかく、この世に生きる人間としてはまだ完全とは言えないのでした。

これが、そのとき私が一瞬のうちに理解した内容でした。私は宗教を持つべきだと感じました。そして選んだのはイスラムでした。

それは、現在のようにイスラム過激派のテロが登場するずっと前のことでした。しかし、その当時でも、イスラムに改宗するのは社会的にも個人的にも少なからず抵抗がありました。世界的な宗教としては、日本人には最もなじみの薄い、一夫多妻の奇妙な宗教と思われていましたし、割礼には個人的に抵抗感がありました。

それにもかかわらずイスラム教徒になったのは、私の探求の出発点となった最初の体験以来、多神教より一神教に親近性を感じていたからです。イスラムは、全宇宙を創造して支えているアラーの全能性、超越性、偉大性と、被造物である人間に対する神の愛を強調し、神への絶対的な帰依と服従を説いている点で、一神教としては最も突きつめた、純化した形をとっていると思ったのです。その単純性と純粋さは、私の「内なる感じ」に近いものでした。さらに、排他的な民族宗教の色彩がなく、神はムハンマドだけではなくあらゆる民族に対して預言者を使徒として送ったと信じるなど、他の宗教に対して寛容で普遍性に富んでいると思われたのです。

しかし、正直なところ、私は決して良いイスラム教徒とは言えません。モスクにも行きませんし、ラマダンの断食を除いて、あまり戒律を守っていません。それにもかかわらず、私は改宗後イスラムに関するいくつかの体験に恵まれました。

たとえば、最初のラマダンのとき、ラマダンが単なる断食行ではなくて、もっと深い霊的な意味を持っていることを知りました。ラマダン開始の日の夕方、勤めから帰ってくると、花があったわけではないのに、家全体が馥郁《ふくいく》たる香りに包まれていました。また、ラマダンの最後の一〇日間である「みいつの夜」には、天国の扉が開いて天使と聖霊が地上に送られるとクルアーン（コーラン）に書いてあります。私はその言葉どおりを体験したわけではありませんが、二一日目の夜、それに近い感じを体験しました。

その夜、私は明け方の三時近くまで起きていたためか、頭痛がしはじめていました。しかし同時に、胸の内部で輝かしい感じを感じはじめました。時がたつにつれ、頭痛はますます強くなったのに、胸のなかの輝かしさは強さを増して、ついには私を喜びでいっぱいにしました。ひどい頭痛にもかかわらず、まるで肉体的な苦痛とそれとは何の関係もないかのように、内側では幸福感で満たされるというのは、不思議な体験でした。

そのうち、私は部屋の右手の隅に、何か輝くものが座っているのに気がつきました。それが何であるかを確かめようとしましたが、その形を見ることができませんでした。輝くものは一、二分でいなくなり、私はもしかするとあれは天使だったかもしれないと思いましたが、もちろんそれは私の想像にすぎません。

ほかにも、クルアーンを読んでいるとき不思議な経験をしました。たとえば、ラマダンの間毎晩クルアーンを一章ずつ読んでいたのですが、ある晩、私は読み終わって本を閉じ、何気なくそれを胸にあてました。すると、驚いたことに、本が衣服を通り抜けて、私の胸の内部に入ってしまったのです。もちろん、それは単なる感覚です。しかし、まるで現実のようだったというのは、本の縁の固さがしばらく胸の中に感覚として残ったからです。私にはその意味は分かりませんでしたが、私が本の内容を吸収し、それが私と一つになったことを示していたのかもしれません。

ラティハンによって、宗教の教義や儀式の背後に隠されているスピリチュアルなレベルでの真実を体験することが可能になるということでは、もう一つ別の例をあげることができます。

イスラムは好戦的な宗教であるというのは、中世の十字軍以来、西欧世界を通じて広まっている偏見です。しかし、最近では現実にイスラム過激派がジハード（聖戦）と称してテロや暴力を正当化しているので、その考えがいっそう増幅されています。「片手にクルアーン、片手に剣」というのは誤ったイメージですが、イスラムにジハードの考え方があり、「イスラムの剣」という言葉があるのは事実です。

私はイスラムに改宗しましたが、私が理解していたイスラムは、異教徒に対しても寛大な、平和を愛する宗教でした。ですから、剣とかジハードという言葉を素直に受け取ることができませんでした。

ババが、あるときたまたま別の話題に関連して、「ジハードというのは人に対する戦いのことではない。ナフスに対する戦いである」と言われるのを聞いたことがあります。ナフスというのは、人間の欲望や意思のことです。しかし、正直なところ、人に対する戦いとナフスに対する戦いのどこがどう違うのか、分かったような、分からないような気持ちでした。ババの言葉ではありますが、解釈としては少し無理があるような気がしたのです。

これからお話しする体験は、その問題に関連して起こりました。

その日、私はグループ・ラティハンに加わっていましたが、その最中、自分が何かの内部にいるという気がしはじめました。やがてそれがはっきりしてくると、驚いたことに、私は天井から下げられた大きな剣の内部にいることに気づきました。切っ先を下にして吊り下げられた透明な剣の内部で、私は踊ったり歌ったりしながらラティハンをしていたのです。

私は、それがイスラムの剣であることを悟りました。剣の役目は、私をナフスから切り離し、ナフスの干渉を受けずに、のびのびとラティハンができるようにすることでした。

ナフスは人間の意識につねにまつわりついていて、私たちはそれを自分で切り離すことはできません。イスラムの剣は、真の自我と、その付属品であるナフスを切り離すために与えられる神の力のことでした。もっとも、私が中に入っていたのは、アラビア風の半月刀ではなくて、諸刃の剣でした。諸刃というのは、外部からのナフスの誘惑と、自分の内部にあるナフスの作用の両方を切り離すという意味かもしれません。

この体験によって、私はようやくパパがジハード（聖戦）について言われた意味を理解できたのでした。

ついでながら、後で知ったのですが、正統派のイスラム学者によれば、ジハードという言葉はもともと「奮闘努力する」という意味で、聖戦と訳すのは問題があるようです。ジハードとは、本来、人間が自分のなかの低い欲望に対して戦うことが中心で、それを大ジハードと呼び、それに対して外敵に対する戦いを小ジハードと呼びますが、外との戦いは自衛権の行使に限られるというのが一般的な解釈で、クルアーンは、「あなたがたに戦いを挑む者があれば、アッラーの道のために戦え。だが、侵略的であってはならない。本当にアッラーは侵略者を愛さない」（第２・雌牛章・１９０節）と言っています。このことから、女や子供を含めて、武器を持たない人への無差別的な暴力行為は、イスラムの教えに反していると言えます。

さて、私はこれまで、イスラムに関する体験を述べてきました。しかしながら、私が青年時代に最も愛読した聖典は新約聖書です。そのなかのイエスの言葉を読むたびに、私はその美しさに心を打たれ、感嘆の念を禁じ得ませんでした。イエスは私にとって特別な存在であり、私は大いなる共感をもって彼を愛し、尊敬していました。おそらくそのためだと思いますが、私は彼についても一つの貴重な体験を与えられました。

この場合も、体験は何の前触れもなく突然訪れました。

ある午後、私は自室に一人で座っていました。何をしていたのか、何を考えていたのかは憶えていません。突然、まわりの雰囲気が静かになり、私の内部に変化が起こりました。次の瞬間、私はイエスを感じました。そして、イエスがある状況下で（多分どこか井戸のそばで人々と話していて）感じていたものを、自分のなかで感じつつあることを悟りました。あたかも私の内部がイエスの内部と一時的に同調したかのようで、彼はこう言っていました。

「さあ、誰でも来て、私から飲みなさい。これは、決して涸れることのない井戸から湧き出る『生命』の水です。この水を飲む者は、決して渇きを感じることがないでしょう」

もちろん、聖書に記されている言葉はこれとは少し違います。私は、自分の内部感覚のなかを霊的な流れが清らかな泉のように湧き出て流れ、それがイエス自身の感じていたことだと直感的に分かりました。そのあふれ出る霊的な泉の流れは、愛と憐れみに満ちていました。

「ああ、これが彼、イエスだ！」と私は思いました。

この体験が続いたのは、せいぜい一分かそこらだったでしょう。しかし、私に深い衝撃を与えました。私が受けた感じを言葉で説明することはできませんが、私はイエスがどういう種類の人だったのかを、書かれたものを通してではなく、直接的知識として、少なくとも部分的に知らされたことは確かです。それ以来、彼の存在は私にとってより特別なものとなり、私は今もこの経験が与えられたことを感謝しています。

死について

死は究極の謎です。私たちに一〇〇%確実なものがあるとすれば、それは遠からず死ぬということです。しかし、私たちは死について何も知りません。だれも、死とは何か、人間はなぜ死ぬのか、死んだ後はどうなるのかという問いに答えることができません。

人々は死を何よりも恐れていますが、死については二つの相反する意見があります。ある人たちは、死はすべての終わりであると考え、死後の魂の存続を否定します。これは科学が支持する考えで、現在ではその方が主流になっています。人間の精神活動は脳内物質の化学作用だから、脳がなくなってしまえば、後には何も残らないという考えです。この考えの人々は、死後に家族や人々の記憶のなかに残ることを慰めにします。あるいは、物質でつくられた自分が物質宇宙に戻るのだから、「私」というものが消滅しても仕方がないと考えます。

もう一方の人たちは、魂は肉体の死の後も存続し、生き続けると考えます。これは伝統的観念に支えられた考えですが、しかしその人たちも、死んだ後でどうなるのかという疑問には充分に答えられません。幽霊とか臨死体験とかチャネリングなどの傍証はあるにしても、本当に死んでから生き返って、死後の世界について証言してくれた人はいないからです。

さらに、臨死体験やチャネリングを信用するにしても、それがどの範囲まで死の真実を伝えているのかは分かりません。昔は宇宙の中心だと思われていた地球が、銀河系の中心からはずれたけし粒より小さな天体であることが分かったように、死後の世界も、もしかすると、この地球世界や太陽系よりもずっと大きく広い世界かもしれないからです。

ラティハンは、私たちに死とその彼方の霊的世界をより身近なものにしてくれます。ラティハンの状態は、思考や欲望や感情の働きが静められるという点で、ある意味で死の状態に近いと言えるからです。ラティハンを通して、死の敷居を越えて生きる実体である魂が私たちのなかで目覚め、成長してゆきます。ですから、ラティハンはこの世とあの世とを繋ぐ架け橋となる可能性があります。ババは、ラティハンの真の価値は死んだときにわかるだろうとさえ言っています。

ラティハンを続けるうちに、私は次第に死に関する相反する二つの意見のどちらも正しく、どちらも間違っているのではないかと考えるようになりました。つまり、その人の魂の状態によって、死ねばそれですべてが終わりになるような死もあり、死後も魂が生き続ける死もあり、さらには魂が輪廻転生を越えて成長し続ける死もあるのではないかということです。

ババは、トークのなかで、死後の生に関してしばしば言及されましたが、私の知る限り、この問題について包括的に説明されたことはありません。しかし、ババの死後出版された故ヴァリンドラ・タージー・ヴィタッチの『回想録（Memoire）』のなかに、彼が個人的にババに死について質問し、それにババが答えている興味深い会話を見つけましたので、少し長めですが引用することにします。ヴィタッチは世界的に有名なジャーナリストで、米国の『ニューズウイーク』誌の専属コラムニストであるとともに、長年ユニセフの広報担当のディレクターとして世界中の恵まれない子どものために多大な貢献をしましたが、同時にスブド会員として二六年間にわたってスブドの世界大会や国際組織の議長を務めた人です。

バパは諭すように優しく言われました。

「皆さんはまだ、完全な答えを受けて、理解する準備ができていません。しかし、バパは皆さんが理解できる範囲で申し上げます。これは、さしあたっての説明ですよ。大まかな表現ですから、もし、これを人に話したり、書いたりするときには、《これが現状に合わせた、大まかな説明であって、決して完全なものではない》と云うことを、必ずいつも指摘して置いて下さい」

と注意され、そして、説明を続けられて、

「人が死後どうなるかは、大まかに云って、三つの可能性に大別されます。最初の、最も多く起こるケースは、地上の物質力に完全にとりこにされている人々が死ぬ場合です。ジワ（魂の力）が物質力の殻で全くピッチリと覆われているので、彼らのジワは、その肉体と一緒に物質である土に還ります」

〈彼ら〉とおっしゃったが、この条件が完全に当てはまる私もそうなるのだと、よほど怯えた様子だったとみえて、ババは早速つづきの話をなさって、慰めて下さいました。

「ここにも必ず神の慈愛があります。もし、その人の七代にわたっての子孫の中の一人が、神の恩寵を受けることがあれば、その人の信仰のお陰で、土地に縛りつけられている先祖の霊に作用が及び、この魂が本源に向かう旅に出ることが可能になります」

とおっしゃられてから、

「第二番目のケースは、全力を尽くして、熱心に神を礼拝した人々、つまり、モスクや教会に出席し、その宗教で決められた規範にしたがって、定期的に礼拝を続け、『神を畏れる人々』と呼ばれていたような場合です。

物質力にそれほど強くはしばられていないので、死ぬときには、そのジワは土に還らず、地表を浮遊することになります。人々の見る『ゴースト（幽霊）』がこれです。

自分を助ける方法が彼（彼女）には二つあります。七代にわたる子孫の中の一人が神の恩寵に触れて、これがこの人々にも接触して、その力で真の人間の世界への旅に出発させてもらえるのがその一つです。

もう一つの可能性は、「生まれ変わり」です。死んだ人が地球に住んでいた時の状態に似た男女が子供をつくるときに、この〈浮遊霊〉は結合の坩堝《るつぼ》の中に入り込むことができて、その時に生まれる赤ん坊の魂になることができます。運が良ければ、この子供が一生のあいだに神の恩寵に触れることができて、死ぬときに真の人間の世界に向かう旅に出ることができます。

第三番目のケースは最も少ないが、神の力との接触を受けるスブド会員が含まれています。全托の真剣さ及び生涯における浄化の程度により、その魂は肉体を離れるときに、地球の大気圏には留まらず、直ちに真の人間界へと昇り始めます。この太陽系をも越えて、その本源に向かって行きます」

ここで、ババは話をやめて、私とウスマンがあまりにも真剣な態度になっているのを見て、「保証付きではないよ!」と冗談を云われ、《大まかな話で、部分的な説明であること》を強調なさいました。(井原将昌訳)

私にはこの話についてコメントする資格がありませんが、死にはさまざまな場合があって、一概には言えないことを示す体験をしたことがあります。

そのなかで、とくに三つの体験をお話ししたいと思います。

最初の話は、私がラティハンを始めて一年かそこらで、真の体験を受けるにはまだほど遠い状態だった頃の夢の話です。しかし夢とはいえ、連続物語のような珍しい構成になっており、ある種の死の状況をリアルに示唆しているように思われるので、あえて紹介することにします。

三番目にお話しする体験は、最初の話とは全く対照的な死の話です。

一　友の死

Kの訃報が伝えられたのは、私が結婚したばかりのときでした。Kは小学、中学の同級生で、住む家も近く、親しくしていた友人の一人でしたが、敗戦で引き揚げてからは会う機会が持てずにいました。友人の話によると、彼は母親の目の前で、電車に飛び込んで自殺したということでした。私はショックを受けるとともに、後悔の念を感じました。というのは、その少し前に別の友人から、彼が最近インド哲学に関心を寄せており、私に一度会いたいと言っていたと聞いていたからです。しかし、私は結婚生活を始めたばかりで落ちつかなかったことから、Kへの連絡を延ばしていたのです。彼は母一人子一人で、母親が頼りにしていた自慢の息子でしたから、母親の悲しみはいかばかりかと思われました。

数日して、私は最初の夢を見ました。

夢のなかで、私は漆黒の闇のなかをKと一緒に歩いていました。公園内の小道のような感じがしましたが、鼻をつままれても分からないような暗さで、彼の顔も体も見えず、左側で肩を並べて歩いていることがただ気配から分かるだけでした。

私は、どうにかして彼に神の存在を分からせたいと思って話していました。しかし、彼がまだ神の話を受け入れる状態にないことがはっきり感じられて、どうしても神という言葉を口にすることができませんでした。やむをえず、私はその前段階として、もっと受け入れやすいことから話を始めました。世界に存在するのは眼に見えるものだけではない。風のように、電気のように、眼には見えないが存在しているものがある。それと同じように、眼には見えない霊的な存在があり、この世の裏側にもう一つ別の世界が存在しているとしても不思議はないのではないか。私はKに対してそんな話を一所懸命にしていました。

その夢は、曲がりくねった闇の小道を歩きながら、彼に熱心に話し続けているところで終わりになりました。

一、二週間後、私はまた夢をみました。私は勤め先のデスクで仕事をしていました。事務所の間取も机の配置も現実のとおりでした。すると、斜め前方にある部屋のドアが開いて、男が入ってきました。ちらっと眼をやると、入ってきたのは、何と死んだはずのKでした。まずい、と私は思いました。急いでKに影があるかどうかを確かめようとしました。もし影がなければ、彼が死人であることが皆に分かってしまい、部屋中が大騒ぎになると思ったのです。しかし、影があるかないかは、机が邪魔になってよく見えません。私はあわてて立ち上がり、急いでドアのところに行ってKを部屋の外に押し出し、どうにか階段を降りて正面玄関から表の道路まで連れ出しました。

玄関前の道を横切り、さらに小さな坂を上ると大通りに出ます。私が彼を引っ張って道を渡ろうとすると、彼は突然、「脚を怪我しているので歩けない」と言いながら、私にもたれ掛ってきました。私は全身の重みを肩で支えながら、必死で彼に言い聞かせました。「君はもう死んでいるんだ。死んでしまっているのに脚が悪かったり痛かったりするはずがない。死んでしまえば怪我など関係ない。だから歩けるはずだ。とにかくまず、オレはもう死んだのだ、もう死んでいるのだと繰り返し自分に言い聞かせろ。そうすれば歩けるようになる」

そうKを説得しながら、重たい体を半分かつぐようにして坂を上がっていくところでその夢は終わりました。

それからさらに一〇日か二週間後、私はまた夢を見ました。

今度は光景ががらりと変わり、全体として場面がとても明るくなっていました。私は生長の家の雑誌らしきもの数冊をふろしきに包んで、Kの家を訪ねようとしていました。着いてみると、家は小さいながらもこざっぱりした二階屋で、Kは玄関に続く小さな座敷で愛想よく私を迎えました。

しばらく世間話をするうち、私のなかに一つの疑念が浮かびました。Kの態度や話の受け答えがあまりに自然なので、眼の前にいる彼が本当に死人なのだろうか、もしかすると私の思い違いだったのではなかろうかと疑いはじめたのです。

(死人だと思っていたが、もし本当は生きているのなら、私はとんでもない失礼をしたことになる)

そう思うと、私はだんだん落ちつかなくなってきました。

するとそれを確かめる良い考えを思いつきました。もし彼が死んでいたなら、彼の身体に触っても、感触がなくて向こう側に突き抜けるはずです。私は座ったまま少しずつ彼ににじり寄りました。そして彼に気づかれないようにさり気なく話を続けながら、自分の膝で彼の膝をそっと触ってみました。すると、予想に反して、温く弾力のある肉感がありました。私は焦りました。彼は死んではいなかったのか……。しかし、完全には納得できませんでした。私は彼に気づかれないように、ラティハンの時のように心を静め、自分の内面を感じようとしました（テストと同じですが、実はそのとき、私はまだテストについて何も知りませんでした）。すると、明らかに彼が死んでいることが分かりました。彼はやはり死人でした。私は内心ホッとしました。

そのうち、私は、Kの顔のホクロの数が減っているのに気がつきました。子ども時代から、彼は顔にホクロがたくさんあり、特に首の後ろにはホクロが密集して真っ黒になっていました。ホクロの数は彼が成長するにつれてさらに増えてゆき、私が最後に会ったときには、顔中に数え切れないほどのホクロができていました。それが三分の一くらいまで減っているのです。

「きみ、ホクロが少なくなって、よかったなあ」

と、私が言うと、彼は、うん、と恥ずかしそうに笑いました。私は持ってきた雑誌を彼に渡し、家から出たところで夢が終わりました。

これが最後の夢で、私はその後二度とKの夢を見ませんでした。彼が電車に飛び込んだとき、片方の脚を切断されたことを知ったのは、それからさらに何カ月かしてからのことでした。

私は、自分の魂が、気づかないうちに死んだ友人の魂と接触し、その結果がこういう夢になったのではないかと思いました。もちろん確かなことは分かりませんが、そう思うことで、生前の彼にすぐ連絡を取らなかった後ろめたさが少し和らげられる気がしました。

二　死の境界

私が見た夢は、死んでも自分の死を自覚しない状態があり得ること、そして死の瞬間に意識がそこに固定されてしまって、時間の流れが止まってしまったような状態のなかで存在している場合があり得ることを暗示しています。

これはもちろん私の推測にすぎませんが、そうした死後の世界とは、いったいどういう世界なのでしょうか。

これから述べる話は、私にとって、そういう死後の領域の持つ性質の一端を、身をもって味わったと感じた体験です。もちろん、前にも言ったように、死んでから生き返って報告してくれた人がいない以上、それを裏付けるものは何もありませんが。

それは、私がとても親しくしていたヘルパー仲間の一人のために、死の数日前に一緒に行ったラティハンでの体験です。私はもう一人別のヘルパーとともに彼の自宅を訪ね、彼が寝ているそばでラティハンをしました。彼は寝床で横になったままラティハンをしましたが、どうやら途中で眠ってしまったようでした。

はじめから強いラティハンで、私は次第に自分が内部に沈潜していくの感じましたが、そのうち青く静かな海の底に降り立ったような気がしました。静寂があたりを支配していました。私は海の底を少しずつ前に進んで行きました。しかし、しばらく進むと、これ以上行くと引き返せなくなるという感じがして立ち止まりました。生と死の境界線の近くまできた気がしたのです。

そのとき、変なことに気づきました。その場に立ったまま、前にも後ろにも進めなくなっている自分に気がついたのです。死の領域に近づきすぎたために、歩こうとしても歩くことができず、引き返そうにも足が動かない。それどころか、腕一本自分で動かすことができなくなった感じがしたのです。

私は少し怖くなって、助けを願うために神に祈ろうとしました。しかし、恐ろしいことに、祈ることができませんでした。祈りたいと思うのに、神の方に向けたいと思う自分の感情が、ぴくりとも動いてくれないのです。

私は本当に怖くなりました。もしかすると、この場に永久に立ち続けることになるかもしれない、そんな感じさえしました。死の領域では、神の力が動かしてくれるのでなければ、指一本動かすことができず、神がそれを許して下さらなければ、神に祈ることすらできない、それが神の力が直接支配する霊的領域であり、死後の世界の性質であることを私は理解しました。私は死の領域に近づきすぎて、このまま死ぬことになるのだろうか。

しかし、幸いにも私はラティハンをしていて、ラティハンがまだ続いていました。つまり、ラティハンのなかで私はそういう経験をしているのでした。私は間もなくそこから無事に引き返すことができました。

この体験は、私に強い印象を与えると同時に、ババの言葉を、体験を通して理解する助けになりました。ババはよく会員たちに、ババが言ったことでも、自らラティハンを通して体験するまでは信じてはいけないと言っていました。ババから聞いていたのは、人間が死ぬと思考や感情は封印されて動けなくなり、内容を変えたり新たにつけ加えたりすることができなくなる、だから神に問われたとき、生前の自分の行いについて偽ったり飾ったりすることはできないということでした。私は、死を間近にした会員と一緒にラティハンをすることによって、死後、人の感情が封印されるということが実際にはどういう状態なのかを、擬似経験する機会を与えられたのです。

三　祝うべき門出

次の話は、やはり友人の死にまつわる体験ですが、最初の話とは対照的と言えるほど違っています。

魂の目覚めと成長を経験した人にとっては、死は悲しく厭《いと》うべき出来事ではなく、地上の束縛から解き放たれた、新たな人生への喜ばしい門出となることができます。私はそれを確認することができました。さらに、この経験は、死者と会話を交わした唯一の体験としても忘れられません。

Yは、私が最も信頼していたヘルパーであり友人でした。彼は私より年下で、京大の学生だったときにオープンを受け、京都で、そして卒業後は勤務地の九州で、スブドのグループを育てました。彼は新日鉄の系列の化学会社に就職しましたが、将来を期待された人材で、数年後に親会社に派遣されて東京に赴任してきました。

彼が上京してきたとき、今後は彼と密接に協力して働けると、私は期待に胸をふくらませたものです。ちょうどスブドのなかで難しい問題に直面していて、その解決のためにも私は彼の助けを必要としていました。しかし、東京に転勤してきて間もなく、彼は急性の白血病にかかってあっけなく死んでしまいました。それまで健康そのものであっただけに、信じられないような出来事でした。

Yの死は私には大きなショックでした。いまでも不思議ですが、彼が死んだと電話で知らされたとき、私は右腕の肘から先が突然なくなったような気がしました。単にそんな気がしたのではなく、実際に肘から先の存在が全く感じられなくなったのです。とても奇妙な感じでした。眼で見ればちゃんとあるのに、肘から先が感じられないのです。腕を切断しても、まだあるかのように腕の痛みを感じることがあるという話は聞いたことがあります。しかし、実際には存在する腕を存在しないと感じるという話は知りませんでした。私はそのとき、「右腕を失う」という表現が、単なる比喩ではないことを知りました。実際にそう感じることがあるのです。腕の存在感は二、三〇分後には戻ってきましたが、これは彼の死が私にとってどれだけ大きな打撃であったかを示しています。

翌日の通夜に、私は妻と列席しました。彼の家に着いてみると、座敷はもう人でいっぱいで、入り口の近くは特に混み合っていました。祭壇の前はまだ少し余裕がありそうだったので、私は人をかき分けて祭壇の近くに行って座りました。お坊さんの読経はすでに始まっており、彼の奥さんは小さな三人の子どもを傍らにして、しきりに涙を拭っていました。

私は、読経の声を聞きながら正面に掲げられた彼の遺影を見上げていましたが、そのうち次第に胸のあたりが明るくなって、なぜか悦ばしい感じが湧き上がってきました。その感じは時とともに急速に強まり、ついには胸いっぱいに広がった輝きが体の外にまであふれ出し、部屋全体が明るくなったような感じさえしてきました。

するとふいに、写真の彼が私に笑いかけたように見えました。それと同時に、奇妙なことですが、もしかすると彼と話ができるかもしれないという思いが頭に浮かびました。その思いに押されて、できるかできないか実際にやってみようと思いました。

実は、Yには言いたいことがありました。私は彼の死のショックから立ち直っておらず、私を残して勝手に先に死んでしまった彼に恨みごとを言いたい気分だったのです。私は思いきって心のなかで彼に話しかけてみました。

「Y君、君も分かっているだろうが、僕はとても難しい問題を抱えている。僕は君の協力を頼りにしていた。君がいないと、僕としては問題に対処する自信が持てない。僕はいったいどうすればいいんだ?」

すると、間髪を入れずに返事が返ってきました。声として聞こえたのではなく、頭にぱっと言葉が浮かぶという形で返事が返ってきたのです。

「心配することはない。必要なときには神から助けが与えられるだろうよ」

それはいかにも彼らしい答えでした。私はさらに食い下がりました。

「君はそれでよいかもしれない。君はむしろ幸せそうだ。しかし、残された奥さんや子どもたちはどうなる？　奥さんは泣いているし、子どもたちはまだ小さい。君は少し勝手すぎはしないか？」

それに対する彼の返事は、一瞬遅れました。

「彼らは、神様が面倒を見てくださると思うよ」

私は最後の質問をしました。

「これから君はどうする？　まだしばらくはここにいるつもりか？」

ここにというのは、彼の家というだけではなく、この地上にという意味でした。

「わからない。しかし多分、間もなくどこかに行くように言われると思う」

私はそれ以上彼に対する質問が頭に浮かんでこなかったので、会話を止めました。しかし、胸のなかの輝かしい雰囲気と、悦ばしい気持ちは強まるばかりで、私はとうとう笑い出しそうになりました。参列者がみな若いYの死を悼《いた》んで、ハンカチで涙を拭っている人も少なくないのに、私自身は全く場違いの、異常な状態でした。私はうっかり笑い出さないように、懸命に表情を引き締めなければなりませんでした。家族や近親の悲しみは別にして、私は本人にとってはむしろ幸せであり、歓びであるような死を目撃したのです。それは、死の敷居を越えた輝かしい旅立ちでした。その輝かしい感じは、彼の家を出るまで私のなかで続いていました。

真摯に受ける

スブドのラティハンに出会ったとき、私はその単純さと純粋さに魅惑され、そこに神からの直接の働きであるしるしを見たと書きました。

そこでの純粋さとは、ラティハンが人間的な要素、すなわち思考や感情や意志、そしてそれらで人間がつくり出す人工的な補助手段を排した状態で行なわれるという意味でした。なぜなら、そういう人間的要素こそが、私たちが生まれたときに持っていた無垢で純粋な状態を汚してきたものだからです。私たちは、赤ちゃん時代の無垢と純粋さを犠牲にして、思考や感情を発達させてこの世の生活になじみ、この世の知恵を身につけて大人になったのです。

ですから、ラティハンを始めるときも、私たち自身は無垢でも純粋でもありません。私たちの内部には、自分の妄想や欲望による汚れのほかにも、親や祖先から受け継いだ根深い欠点や、バパが肉体の病気よりも重大な病気だと言われた性格上の歪みが隠れています。このような汚れのために、またありとあらゆる欲望や感情で駆り立てられるために、私たちは眠っている間も自分の心の働きを止めることができないのです。

ラティハンはこういう汚れた心の活動を静めてくれますが、思考や感情の働きが直ちに完全に静まるわけではありません。その人と神の力との接触が可能になる程度に静めてくれるのです。そして、ラティハンを続けてゆくにつれ、そして浄化が進んでゆくにつれ、私たちが受けるラティハンも深まってゆきます。つまり、思考や感情の働きがより完全に抑えられて、より純粋にラティハンを受けることができるようになるのです。

ラティハンの純化について、イブ・ラハユ（バパの長女）は最近のトークで次のように述べています。

「このように純粋に受けると、あなた方はこの世を離れたという感じを経験します。あなた方が意識しているのは、あなた自身と神の力だけです。これが真に受けることです。しかし、それは神がそう意図されたときにだけ起こります」（二〇〇三年八月一三日、Ibu Rahayu's talk, Code No. 03 SAO 3）

私は、これまでに一度だけそれに近い経験を与えられたことがあります。バパが亡くなられる少し前の一九八〇年代の中頃に、インドネシアで行われたスブドの国際会議に出席したときのことです。

その日は午前一〇時からラティハンが予定されていましたが、私は朝から軽い頭痛がしていました。そのため、ラティハンへの参加をやめようかとも考えましたが、せっかくバパが参加されるラティハンでもあり、頭痛が比較的軽かったので参加することにしました。しかし、万一途中で外に出なければならなくなったときのことを考え、出入り口に近い後ろの方でラティハンが始まるのを待ちました。やがてバパが来られて壇上の椅子に座られ、ラティハンが始まりました。

ラティハンが始まってしばらくすると、頭痛はほとんど気にならなくなりました。そして次に気がついたのは、私が広い空間のなかにいて、そこには神の力以外には何もないことでした。まわりの広々とした空間には神の力が隅々にまでゆきわたっていましたが、ほかには何もありませんでした。そしてすべてが静止していました。神の力もただ存在し、不動の状態でその場を満たしているだけでした。私も動かずに、ただそこに立っていました。

すると、完全に不動の状態にあった私のまわりの神の力がふいにゆらぎ、まるで夕凪《ゆうなぎ》のなかで一陣のそよ風が立つように、かすかな動きが起こって、それが私の身体にふれました。その瞬間、私の身体は、その動きに合わせて流れるように動きはじめました。それは、寸分の隙間も狂いもなく、神の力の動きにぴったり合った動きであり、身のこなしでした。その動きは優雅な踊りとなって続きました。私の眼には涙があふれ、心は神への感謝で満たされました。これが本当のラティハンでした。私はそのとき、ラティハンの根源を経験していると思いました。神の力が動き、そしてそれによって私の動きがつくられる——それは神の力による一種の創造行為でした。

ババはかつて、ラティハンで働いている力は神の第一の力であり、宇宙を創造するために使われたのと同じ力であると言われたことがありました。私はラティハンが神の力の働きであることには疑いを持っていませんでしたが、神が宇宙を創造された力と同じ力であると言われると、話が大きすぎて、いかにババの言葉とはいえ、にわかには信じられませんでした。しかし、このラティハンで、私はラティハンが神の力による新たな創造行為であることを実感しました。そして、ババの言葉が信じられるようになりました。ラティハンが終わってみると、私はいつの間にか多くの人々をすり抜けて、ババの前の最前列のところに立っていました。

これは、私のラティハン経験のクライマックスとも言えるものでした。後から考えれば、私がその前に頭痛を感じたのも、このラティハンのための準備であり、私の思考が停止しやすくなるための、神の計らいだったのかもしれません。そして、私がこのような体験をすることができたのは、ババの前でのラティハンだったからであることは疑いがありません。

コロンビア世界大会

神への道を歩む人は、一人ひとり違った体験をします。それは、私たちが一人ひとり異なっていて、魂の旅を始める出発点もそれぞれ異なっているからです。その違いから、歩むべき道も、必要となる経験も決まってきます。ですから、スブドにおいても、ある人たちは比較的波乱の少ない平坦な道を歩み、ある人たちはスリルと刺激に満ちた道を歩くことになります。

私も、ラティハンを道連れとして始めた旅のなかで自分のなすべきことを知らされ、特許事務所に勤めて生計を立てながら、四十代の半ばからは、国際的なレベルでのスブド活動にたずさわるようになりました。それ以来多くの事件や出来事に出会ってきましたが、それらは本書の目的の範囲からはずれますので、すべて省略することにします。

しかしながら、ただ一つ述べておきたいと思うことがあります。

その体験は、一九九三年に南米コロンビアで行われた第八回スブド世界大会で起こりました。それを書こうと思うのは、三〇年前に示された魂の目的に関する体験とかかわりを持っているからです。

一九六三年に、私は自分の魂の目的は神の小さな僕《しもべ》になることであると知らされましたが、その後はそれと繋がりのあるどんな指示も与えられませんでした。時がたつにつれて、私はその目標に達するのがどんなに難しいことであるかを徐々に悟ってゆきました。たとえば、神に完全に委ねるというのは、口にするのは簡単でも、実際にそうすることはとてつもなく難しいことです。神に全托するには、神に対する深い信頼と、思考や欲望や感情に押し流されない内的な強さ、それに鋭敏な気づきを必要とします。全托は私の生涯を通じての課題で、いろいろな経験や試練を通してそれがどういうものであるかを徐々に学んできましたが、あらゆる状況下で全托し得る状態からはまだほど遠いと言わざるを得ません。神の僕となるという魂の至高の目的は、多分この世の人生というスパンを越えて追求すべき目標であると言えるでしょう。

一九八九年、私はISC委員長になりました。ISCというのは、スブドの世界組織であるワールド・スブド・アソシエーション（全世界のスブド組織の連合体）の事務局であり執行機関です。スブドは四年に一回世界大会を開き、ＩＳＣの所在地と委員長はその都度変わります。一九八九年から日本がＩＳＣの所在地になりなりましたが、私がその委員長に立候補するにあたっては、それなりの勇気と決意が必要でした。

それまでＩＳＣは、英国、米国、カナダ、オーストラリア、ドイツと、つねに西欧諸国に置かれていました。アジアの日本がワールド・スブド・アソシエーションの事務局を引き受けるについては、言葉の問題一つ取っても、各国とスムーズなコミュニケーションを取る上で大きなハンディキャップがあり、ほかにも物価高の日本での事務所経費、英語に堪能なスタッフの確保など、多くの懸念材料がありました。スブド・ジャパンには英語のできる会員がほとんどいなかった上に、私自身の英語力も不十分だったからです。ＩＳＣの仕事内容を考えると、英語を母国語とするセクレタリーの存在が絶対に必要でした。

この問題は、予想外の、私としては神の助けとしか思えない形で解決しました。オーストラリア在住の英国女性、ハーミア・ブロックウエイが自発的に来日し、セクレタリーとして私を助けてくれたのです。バパが残した膨大な文書や記録やトークを整理し、保管する仕事が新たにＩＳＣの重要な任務の一つになりましたが、米国の図書館司書、ダニエラ・モネタがインドネシアに移住するとともに、日本の女性ヘルパーで英語に堪能な林サオダがアーカイブの責任者となって助けてくれました。彼女は、後にインターナショナル・ヘルパーになりました。

経費の問題では、ＩＳＣ委員長はフルタイムの仕事でしたが、私は報酬を返上して働くことにしました。当時、ＷＳＡは財政的に極めて逼迫《ひっぱく》していたからです。私は勤務先に頼み込んで勤務日を減らしてもらい、土日や祭日を返上して、四年間休みなしで働きました。

それまでにして私がＩＳＣ委員長を引き受けたのは、一九八七年に思いがけなくババが亡くなったのが原因でした。そのとき私はインターナショナル・ヘルパーをしていましたが、ババ亡き後のスブドを考えると、スブドの全世界性を具体的な姿としても示すことが必要であり、それまで便宜上西欧中心に動いていた国際的なスブドの傾向を変えて、西欧以外の国でもＩＳＣのような仕事を担当することができるという前例をつくる必要があると思ったのです。

私が挑戦しなければならなかった最大の問題は、ＩＳＣの責任の一つである世界大会の準備と開催でした。細かい経緯は省きますが、日本で大規模な世界大会を主催するには難点があり、テストの結果、第八回世界大会は、日本から見れば地球の裏側にある南米コロンビアで開催されることになりました。そのため、日本のＩＳＣは、会場や宿舎などの現場の準備はスブド・コロンビアに委嘱しながら、全体の準備を統括することになりました。

それが可能になったのは、コロンビアの会員たちの熱意と献身的な協力があったからです。数十カ国からの一五〇〇人を超える会員が二週間にわたって集う大会を、コロンビアで準備し、開催するには、多くの困難がありました。とりわけ、この大会は難題をかかえていました。というのも、コロンビアの会員が取得した土地の上に、限られた大会予算のなかで、一五〇〇人以上の参加者の会議や、ラティハンが可能な大ラティハン・ホールを建設し、そこで大会を行うという野心的な計画だったからです。

ムフタール・マーティンというポルトガルの天才的な建築家が、費用をぎりぎりまで切り詰めるために、現地の資材を活用した極めてユニークなデザインの木造の大ホールを設計しました。とても美しい建造物でした。

コロンビアは世界一のコカイン生産国であり、麻薬マフィアと反政府武装組織による誘拐事件が頻発する危険な国の一つとして知られています。そのため、参加者の安全を確保するための治安対策も欠かせず、コロンビアでの世界大会の開催を危ぶむ声も少なくありませんでした。

私は、大会前に二度コロンビアを訪れ、現地側と打ち合わせを行いましたが、何度か難しい決断をしなければなりませんでした。開催日までにラティハン・ホールを完成させられるかどうかも大きな問題でした。ムフタールは、現場に小さな小屋を建て、何カ月もそこに泊まり込んで直接工事を指揮しました。私がコロンビアに到着したとき、ラティハン・ホールはまだ工事中で、完成したのは開催日の前日でした。

こうして開会にこぎつけた日の朝、私は一〇時からの最初のラティハンの直前まで最後の点検に追われていて、心を静めてラティハンの準備をする時間が持てませんでした。

一〇時になってホールに足を踏み入れたとき、私の頭はまだ直前の打ち合わせのことでいっぱいになっていました。私は、このような状態でラティハンを始めれば、ラティハンを充分に受けられないことを経験上よく知っていましたし、記念すべき大会冒頭のラティハンを、このような状態で始めなければならないことを残念に思いました。こんな状態では、頭が静まるまでに三〇分の大半が過ぎてしまい、浅い表面的なラティハンで終わってしまいます。私はそれを覚悟しました。

しかし、ラティハンが始まった途端、予期したのとは反対のことが起こりました。神の現前をまざまざと感じたのです。神がラティハン・ホールに臨在しておられて、上から私を見下ろしておられることが感じられたのです。ラティハン中に神の臨在を感じるというのは、私の長い経験のなかでもめったにないことでした。過去にカナダでの世界大会中に一度経験しただけで、それも二〇秒か三〇秒続いただけでした。しかしこのときには、神の臨在感がラティハンの初めから終わりまで続いたのです。

私はそのとき、特に何かを神から与えられたわけではありません。ただ神の臨在を感じただけです。しかし、この体験が持つ意味は、私には明らかでした。それは、三〇年前に魂の至高の目的を示されて以来、何のしるしも与えられなかったことと関係していました。神が私を僕《しもべ》として認めてくださったという意味ではなく、まだ遠い先だとしても、神が私の願いを認知してくださったように思われたのです。言い換えると、この経験は、少なくとも私にとっては、神が僕の候補者の一人として私を受け入れてくださったことを意味していました。

さらに思いがけないことに、閉会式の後の大会最後のラティハンで、私は似たような経験をしました。しかし、今度感じたのは神の臨在ではなく、バパの臨在でした。バパがその場におられ、はるか上からラティハンをしている私たちを見下ろしていて、私はバパが私を見守っておられることをまざまざと感じました。ふたたび、その感じはラティハンの最初から最後まで続きました。

それは、七年前にバパが亡くなられてから初めてのバパの臨在感でした。この二つの体験は、それまで歩いてきた道が間違ってはいなかったこと、また無駄ではなかったことを確認してくれるものだったのです。

エピローグ

第二部では、過去を振り返って、特に強いインパクトを受けたスピリチュアルな体験に話をしぼって書いてみました。それらはすべて私の生き方に影響を与え、時には文字どおり私の人生を決定づけた体験でした。

これらの体験のほかに、もっと実生活と結びついて自分を導いてくれた外的な体験も多く受けました。私はそれらを本書から割愛しましたが、その理由は、外的な事件や出来事は、その背後に神の力の助けがあったかどうかを確かめることは難しく、誰もが経験する偶然の運不運の波と区別がつきにくいからです。

しかし、私がここで述べた体験は、単なる偶然としては片づけられないものを含んでいると思いますし、少なくとも私には、スブドのラティハンが一つの架け橋――神の存在を忘れた現代の人々のために、神が地上に送られた人から神への架け橋であることを示しているように思われます。

ババの説明によれば、魂はふつう点のような小さな実体として人間の奥深くに眠っています。そして、魂には神性のかけらが埋め込まれています。スブドのオープンを受けると、全宇宙を包む大いなる神の力が（ババはこれを大生命力という名前で呼んでいました）魂のなかに埋め込まれた神性のかけらと接触して内と外の力が繋がり、魂が覚醒します。そして覚醒した魂は、大生命力と接触し続けることにより、成長し拡大して、最後には人体のすべての部分に浸透します。そのとき初めて人間は人間としての全機能をそなえた完全な人間として死後も生き続け、地球を越え、太陽系をも越えて、人間の魂の真の故郷に帰ることができます。これが、ラティハンと呼ばれるスブドのスピリチュアル・トレーニングが人々に提供している最終的な可能性です。

しかし、そこに至るためには、通常、長い浄化と準備の過程を通らなければなりません。それが一人ひとりの魂の旅を形成することになります。スピリチュアルな体験とは、その魂の旅路のなかで、必要に応じて、必要な時期に、神から与えられる道標《みちしるべ》のようなものです。その際注意しなければならないのは、スピリチュアルな体験をすることと、体験で示された真実を生きることとは違うということです。

スピリチュアルな体験は、厚いカーテンを開いて、隠されていたスピリチュアルな世界の真実の一部をのぞき見するにすぎません。それは、旅の道標として進むべき方向を示されることです。

一方、のぞき見た真実を自分のものとして実際に生きるためには、さらに長い道のりを歩く必要があります。また、たとえスピリチュアルな経験を何一つしていなくても、その真実を現実に「生きて」いる人たちがいることも忘れてはならないでしょう。

別の言い方をすれば、スピリチュアルな体験は霊的に進歩したという証《あかし》ではないということです。

さらに、神の力との接触はスブドの専有物ではないことを、もう一度繰り返しておきたいと思います。

ババは最初の世界旅行の折に、会員の質問に答えて次のように述べています。

「神は力を持ったお方ですから、受けることができる人には誰にでもお与えになります。ですから、スブドの人たちのほかに、他の多くの人々も受けることができます。スブドだけではなく、ババを通してだけではありません。それはスブド以前から存在し、たとえば、古い時代にはキリスト教にも、バラモンや仏陀の宗教にもありました。イスラム教にもすでに存在していました。ですから、スブドだけではなく、別なところにもあるかもしれません。ただ一つ、皆さんが知らなければならないことは、その源泉であり、それがどこから来るかということです」

そして、続けてこう述べています。

「ババが聞き知っているところでは、神の力と接触するためには多くの方法がありますが、それに従ったり真似をしようとすると、本当に難しいエネルギーが要求されます。言い換えれば、食事を減らし、世の楽しみを避けるという方法を通して行われます。要するに、自分を社会から隔離することによってです。一方、スブドでは、その正反対に、私たちはこの世の生活が要求し、必要とするものを放棄してはなりません」(Bapak's talks Vol.1-31, Code No. 58 CSP 4)

スブドは、出家や隠遁の道ではありません。また、一般の人たちとは違う「特別な人間」になる道ではありません。前に述べたように、スブドは一種の教育であり、ふつうの人間として生活しながら、真に人間的な人間になるための内的な成長を経験する道です。

スブドの特色の一つは、内面生活と外面生活を両立させられることです。ラティハンでは使う必要のない思考や感情や意志は、外的な生活を発展させ豊かにするためにフルに使うことができます。

最後に、私自身のその後の生活について簡単にふれておきましょう。

一九九七年に米国スポケーン市で行なわれた第一〇回世界大会を最後に、私は国際的なスブド活動から退きました。六九歳でした。私が最後にかかわったのは、バパを記念して創られた米国法人「ムハマッド・スブー財団」の理事の一人として、貧しい国々におけるラティハン・ホールの建設や、会員の人道的事業、福祉事業、教育事業等を財政的に支援し、スブドの長期的発展に貢献することでした。

その後、スブド・ジャパンの一員に戻ってからは、ＩＳＣ時代に一緒に働いた人たちや若い会員と一緒に、ゼロから出発して二つの事業を立ち上げました。それは、スブドの会員が、内的にも外的にも自分の足で立ち、自分自身のため、そして他の人々のための企業を始められるようであってほしいというパパの希望に沿ったものでした。

私たちのプロジェクトは——一つは営利事業で、もう一つは非営利事業ですが——幸運にも、まだ小さいながら徐々に、そして着実に発展しつつあり、私はそれを後継者たちにバトンタッチしつつあります。

〈著者略歴〉

建部ロザック（たてべ　ろざっく）

1928年生まれ。東京大学仏文科卒。出版社に勤務中の1954年にスブドの存在を知り、その後国際特許事務所で働きながらスブド・ジャパンの設立にたずさわる。以後、多年にわたりスブドの国際レベルでの活動に参加。

訳書として、共訳の「二十世紀の奇跡スブド」（理想社）、「スブド」（めるくまーる）、「未来からの贈り物」（八重岳書房）がある。

現在は団体理事、会社役員。

魂の究極の旅

2008年7月15日　初版第1刷発行

著　者　建部ロザック
発行者　韮澤　潤一郎
発行所　株式会社たま出版
〒160-0004　東京都新宿区四谷4－28－20
☎ 03-5369-3051（代表）
http://tamabook.com
振替　00130-5-94804
印刷所　株式会社エーヴィスシステムズ

ISBN978-4-8127-0260-4 C0011